気持ちがふさぎこんでいるあなたへ

「魂の声」に従えば？

並木良和

徳間書店

はじめに

こんにちは、並木良和《なみきよしかず》です。

この本を手に取ってくださったあなたは、心や体の不調や病気に苦しんでいる最中だったり、自身の健康について、何かしら気がかりなことがあったりするのかもしれません。あるいは、身近な人が病気を抱えていて、手助けになるような情報を求めている人もいるでしょう。

僕がこの本でお伝えしたいことは、シンプルに言えば、たった1つ。

不調や病気は「〝ありのままの自分〟からズレているサイン」で、ありのままの自分に沿った人生を歩み始めれば不調も病気も去っていく、ということです。

実際、僕が関わった中で、そのズレを訂正し、ありのままの自分を取り戻したら、うつの薬が手放せたり、パニック障害で飛行機に乗れなかった人が乗れるようになったり、手術適応外のがん患者さんのすべての腫瘍が消えてしまったりしたケースがあります。また世の中には、バスケットボール大の腫瘍が、一瞬にして消えたケースもあるのです。

僕たちは誰もが、それほどパワフルな癒しの力を備えています。奇跡を起こす力と言っても過言ではありません。

それこそ、人が持つ本質の力なのです。本書を通し、その力を引き出すコツについてお話ししていきましょう。


ありのままの自分とは、ハイヤーセルフ＝宇宙意識である「自分の本質」です。

この自分の本質を否定せず、魂の特性に沿った生き方を選択し、その使命を生きることが、目を醒《さ》ましたあとのこれからの僕たちが目指すあり方です。

そんな生き方ができれば、病気や事故、トラブルなど、人生のブロックになるようなことは限りなく減ることになります。自分の本質と一致して生きることで、自分の内面も体を含めた外側の現実も、すべてが調和され、人生がスムーズに流れていくことになるからです。

この生き方から見ると、現代人の多くは自分の本質よりも他人の目や社会のあり方のほうを気にする傾向が強いように思います。そのため、病気になったり、心身の不調に悩んだり、トラブルに立ち向かいながら生きる人が後を断ちません。

現代の医療では、痛みが出たら痛み止めを使う、熱が出たら解熱剤を使うというように、「病気が出たらその症状に対処する」というアプローチを取っていますが、ここには「なぜそうなったのか」という観点が欠けています。

なぜ人は病気になるのか。その原因の根本にあるのは「本当の意味で自分

を大切にしていない」という事実です。

病気になるのは仕方がない。だって、心も体もボロボロになるほど頑張らなきゃならない状況だったんだから。休みたくたって、一生懸命頑張らないと生きていけないし——そうやって無理を強いるのが、これまでの僕たちの生き方でした。

でも、そんな負の連鎖を終わりにする時代を迎えています。なぜ病気になるほど自分を追い詰めたのか、なぜ頑張らなければいけないと思い込んでいたのか、という本質に目を向けるときが来ています。

体を壊すほど頑張ってでも、人から賞賛を得たかった自分。

不調に悩みながらも、人から批判されないように無理を重ねてきた自分。

こうでなければ愛されない、人から認めてもらえない、と自分で作ったルールに縛られてきた自分。

嫌われるのが怖かったり、摩擦を起こしたりするのが嫌で、本音を押し殺してきた自分。

仕事ややるべきこと、他人の都合を優先して、自分のことを後回しにしてきた自分。

——どれもベースにあるのは、自分に対する無価値感というネガティブな意識です。

ハイヤーセルフと呼ばれたりする本来の自分は、あなたがありのままの自分でいることを決して否定しない存在です。否定すること自体が分離であると、はっきり伝えてくれる存在。それがハイヤーセルフです。

肉体的に病気になるのも、心を病んでしまうのも、すべては分離することによって体験すること。ありのままの自分や魂の声を否定することなく受け入れれば、病気は外れていきます。**本来の自分と一致すると波動が高くなり、病気やトラブルといった低い周波数とは波動が合わなくなるからです。**

たとえ今病気があったとしても、病気を結晶化するような重たい周波数を手放すと、病気は肉体に居座ることができなくなり、自然と外れていきます。

本来の自分に立ち帰り、もともとの高い意識にチャンネルを合わせれば、問題だと認識していたものは、もはや問題でなくなる。それが、エネルギー的な観点から見た真実です。

この本ではエネルギー的な観点から病気を捉え、病気を寄せ付けない、調和の取れた生き方・自分自身のあり方についてお伝えしていきます。

第1章では自分の本質、魂の声に気づくための方法を、第2章では自分の本質を曇らせているネガティブな感情を手放す方法をメインに解説します。

第3章では自分を愛で満たし、波動を上げていく決め手となるハートチャクラの活性化について、第4章では地球とのコネクションを強化し、エネルギーを増す方法について、第5章では心身のエネルギー的なバランスを整えるために僕も実践する生活術について紹介します。

第6章では医療との付き合い方や、自分自身の生き方を考えるヒントになるお話をお伝えしたいと思います。

この本をきっかけにあなたに意識してもらいたいのは、自分自身と向き合うこと。

自分が本当に望む人生は、どんな人生なのか。これまでの生活や生き方のどこが、本来の自分とズレていたのか。自分の本質に一致して生きていくためには、これまでの生活や生き方をどう変えていけばいいのか。じっくり考慮し、本当の自分の人生をスタートさせていただきたいのです。それが、心身の不調や病気からの解放につながります。

体の不調を抱えることも、心を病むことも、すべては気づきのための経験です。

その最中にいるときは、苦しみ以外に感じることができないと思っても、実はいつだって希望の光は降り注いでいます。

僕たちの本質、ハイヤーセルフは、どんな不可能も可能にするとても力強い存在。あなたが今の自分を否定せず、ありのままの自分を、愛をもって受け入れることから、回復への道は始まっていきます。

そのことを、どうぞ忘れないでくださいね。

並木良和

イラスト　ヤマダナオ
構成　城川佳子
装丁　藤田大督
編集　髙畑　圭

気持ちがふさぎこんでいるあなたへ

「魂の声」に従えば？

並木良和

第4章

自然はパワフルなヒーラー　111

第5章

僕が実践する日々の健康生活術 143

第6章

あなたの主治医は自分自身　191

第1章

「魂の声」を無視するから病気になる

「ありのままの自分」からズレてない？

人はなぜ病気になるのでしょうか。

まず、大前提としてお伝えしたいのが、病気や事故といった大きな精神的ショックを受けるような出来事は、当人に「このままの生き方で本当にいいの？」と投げかけられる問いであり、「軌道修正をしたほうがいいですよ！」と知らせるサインでもあるのです。


病気の原因は、実はすごくシンプルです。肉体の病気も心の病も、「ありのままの自分（＝本質的な自分）」からズレることによって起こります。

他人の意見や周囲の人たちの目を気にして、自分の意見を言えない。周囲の意見に流されてしまう。自分の本当の気持ちを押し殺して、自分が本当にやりたいことをしない・できない。——簡単にいうと、これらが本質的な自分からズレるということ。

自分の本心・本音を無視して「周りがこう言ってるから」「他人が見ているから」

「相手はこう思うんじゃないか」などと他人のことばかり気にしていると、どんどん本来の自分からズレていき、自分の本質と一致しなくなっていくのです。

すると**最初は、例えば、些細《ささい》な体調不良として体にサインが現れます。**なんだか疲れやすい、気分がどんより重い、よく眠れない、食欲がわかない……。でも、些細な不調ですから、ほとんどの人は「単なる気のせい」と思い込み、あるいは「この程度の不調で弱音を吐いてはいけない」と我慢し、サインを無視して突き進みます。

そうして本質的な自分とのズレがどうしようもなく広がってしまうと、あるとき「いい加減に気づいて！」「いったん立ち止まって人生の軌道修正をしてください！」という警告が出ます。それが、大きな病気やケガです。

人は、何かショッキングな出来事に遭遇《そうぐう》しない限り、なかなか自分自身と深く向き合ったり、自分の生き方を根底から見直したりはしません。大きな病気やケガは、人生の歩みを一時停止させ、自分の本当の気持ちや生き方を見つめ直す機会として、僕たちの前に現れます。

それまで健康に無頓着《むとんちゃく》だった人も、病気をきっかけに「どうして自分は病気になってしまったんだろう?」「何が悪かったんだろう?」と、ようやく自分の体のことを考えるようになります。

また、死をリアルに感じることで、「後悔のない人生を送りたい」「死んでも悔いが残らないように、自分のやりたいことをやり、自分に正直に生きたい」と、改めて自分の生き方を見つめ直すこともあるでしょう。

世間には実際、病気や事故をきっかけに、生き方をガラリと変える人がいますよね。

それまで仕事ひと筋の人生だったのが、大病を患ったことで家族の大切さに気づき、家族との時間を大事にするようになった、とか。病気やケガから回復したあと、これまで勇気がなくて挑戦できなかったことや、自分が本当にやりたかったことに、覚悟を決めて取り組み始めた、とか。無理に結婚生活を続けていたストレスが病気の原因だったと気づき、離婚して新たな人生を歩み始める人もいます。

そうやって生き方を軌道修正し、自分の人生をしっかり歩み始めると、体にエネルギーが回って健康状態が回復します。

本来、僕たちにとって病気は不自然なことであり、本質的な自分と一致して生きていると、心身ともにエネルギーに満ちあふれ、元気で健康であることが自然な状態だとわかります。

体調を崩すというのは、本当の自分からズレているということ。自分の人生を生きていないということ。そのことに気づき、本来のありのままの自分らしい生き方にシフトチェンジできれば、病気も回復に向かっていくのです。

先ほど、病気は警告という言葉を使いましたが、**より正確にいうのなら、自分の魂からの愛あるウェイクアップ・コールです。**

僕たちの本質である魂は、病気を通してこんなメッセージを送ってくれています。「このままの生き方で本当にいいの？　立ち止まって、もう1回ちゃんと自分と向き合って。そして、もし『こうじゃないんだ』という気持ちがあるのなら、勇気を持って変えていきましょう。目を醒まして本当に真剣に、自分らしい人生を生きなさい」と。

病気は不運・不幸な出来事と一般的には捉えられがちですが、そうではありません。見方を変えれば、本当の幸せと豊かさを自分にもたらす生き方へと、人生をアップグレードするチャンスなのです。

ゆっくり休養を取り、体をいたわるのはもちろんですが、自分自身の内面としっかり向き合い、自分を大事にする生き方に変えていきましょう。

この章では、どうすれば自分の本質と一致できるのか、自分を大事にする生き方へとシフトするための方法について、お伝えしていきます。

肌荒れや便秘を「些細なこと」と無視しない

「ある日突然、倒れてしまった」「予期せず、命に関わる病気だと宣告された」といった話を耳にすることがあります。

しかし、病気は「ある日突然」に起こるのではなく、何カ月、何年も前から出続けていたサインを無視し続けた結果であることが多いのです。

例えば、「今の職場は自分には合わないな」「自分が本当にやりたい仕事はこれじゃない」と感じているにもかかわらず、自分の本当の気持ちを押し殺して働き続けている人がいるとします。

ミーティングで意見を求められたとき、本心では「違う」と思っていても、みんなの意見に同調して、つい「そうです」と言ってしまう。

心はモヤモヤするけれど、「あの場で『違います』なんて言ったら、波風を立ててしまう」「あの人、怖いんだもん。そもそも私が反対したところで、多数決の結論は変わらない」などと言い訳して、無理やり自分を納得させる。

「これ以上は無理！」というくらい仕事が詰まっているのに、人から頼まれると断れずに引き受けてしまう。

そんなことが日々積み重なると、どんどん本質的な自分からズレていきます。

すると、「ねえねえ、本質からズレてしまっているんだけど。早く気づいて！」というサインが出ます。

ちょっとした体調不良です。それは肩こりかもしれないし、肌荒れや便秘の場合もあるでしょう。疲れが抜けない、体がだるい、朝起きるのがつらい、やる気が出ない、といった形でサインが出ることも、よくあります。

でも、最初のサインはたいてい無視されます。「休んだほうがいいのかな」「やっぱり、今の職場や仕事は自分にとってふさわしくないのかもしれない」と思っても、自分の気持ちに蓋《ふた》をしてしまうのです。

「そうは言っても、新しい仕事なんてなかなか見つからない」「仕事を辞めたら収入が途絶えて生活できなくなってしまう」「仕事を変えるのは、逃げではないか」などと自分にあれこれ言い訳をして、サインを無視し続ける。そんな風にして、頭の中でグルグル思い煩《わずら》いながら悶々《もんもん》と生きていると、いつか必ず限界が来ます。

ある日、いつもの通勤電車に乗ろうとすると、激しい動悸《どうき》や息苦しさに襲われて、足が動かない。いわゆるパニック障害です。重篤な病気が見つかったり、いきなり倒れて入院したり、という事態に陥る人もいるでしょう。

そのとき、大半の人は「突然こんな病気になってしまって……」と口にします。でも、突然病気になることはありません。ずっと出続けていたサインを「できない」「やれない」と聞かないふりをして無視し続けてきた結果、「いい加減、耳を傾けてください！」と強制ストップがかかっただけのことなのです。

強制ストップがかかると、もう立ち止まることしかできません。自分と向き合って、何かを変えなくてはいけない。そのことに気づかせてくれるサインなのです。

ところが、病気で強制ストップがかかっても、まだサインを無視し続ける人もいます。なぜ自分が病気になったのかを振り返らず、病室にまで仕事を持ち込み、これまでの生き方を頑なに貫こうとします。すると病気はさらに悪化し、最悪の場合は死に至ります。

自分をないがしろにしていると、自分で自分の命を縮め、人生そのものが強制終了することになるのです。突然死や過労死も、これと同じことです。

本質的な自分からズレてしまうのは、決して特別なことではありません。どんな人にも、日々の生活の中でごく当たり前に起こることです。

大事なことは、最初のちょっとしたサインにしっかり耳を傾けて、こまめに軌道修正していくこと。日々の「無理！」に気づいて、自分の本当の気持ちを偽らずに生きていくことが大事なのです。

それができれば、病気という大きなサインが出て来るのを未然に防ぐことができます。

「私はどう思う？」と自分に質問してみて

では、どうすれば自分の本当の気持ちに気づくことができるのでしょうか。日常でできる一番簡単な方法は、自分で自分自身に質問してあげることです。

例えば、ニュースを見たり、人の話を聞いたり、本を読んだりと、何か新しい情報に触れたときは、「へえ、そうなんだ」と、そのまま鵜呑《うの》みにするのではなく、「私は、どう思う？」「私は、どう感じる？」と自分に聞いてみます。

テレビやSNSでは、有名人から一般人までいろいろな人が、さまざまな話題やテーマについて「自分はこう思う」という意見を発言していますよね。他人の発言を見聞きしたとき、心の中でいいので「私だったらこう思うかな」「もし私がそれを聞かれたら、自分だったらどう答えるかな？」というように、「私だったら」に意識を向けてみましょう。

ふとしたときに立ち止まって、自問自答するのもいい習慣です。**日頃から自分に意識を向けて「今、何を感じてる？」「今、どうしたいと思ってる？」と、自分に問い**

かける時間を作ってあげるのです。

最初のうちは、「どう思う？」「どうしたい？」といったシンプルな問いかけにも、すぐには答えられないかもしれません。

「相手はどう思うだろう？」「周りの人たちの意見はどうだろう？」「世間的にはどうなんだろう？」と他人のことばかり気にして、本来の自分とかけ離れた生き方をしていると、自分のことがだんだんなおざりになり、しまいには自分が何を思い、どう感じているかさえ、わからなくなってしまうのです。

でも、他人ではなく自分に意識を向けて、日常生活のいろんな場面で「私は？」「私だったら？」と問いかけることを続けるうちに、少しずつ変化が起き始めます。自分の内にある本当に些細な、ちょっとした思いや感情に気づけるようになっていくのです。

「私、こんなことを思っていたんだ」「私って、こういうときに楽しいと感じるんだ」などと、いろいろな発見があるでしょう。ときには何年も前の記憶や、忘れ去っていた感情がよみがえってきたりするかもしれません。さまざまな形で、自分に対する理解が深まっていきます。

「私は、どう思う?」「今、何を感じてる?」と自分に問いかけたときにわき上がってくる思いに対して、「こんなこと思っちゃいけない」「考えちゃいけない」と、即座に否定したくなることもあると思います。

極端な例を挙げると、ものすごく嫌なことがあって、誰かに対して「死ねばいいのに!」という思いが出てきたとします。そんなドス黒い感情を自分が抱えているなんて、認めたくない。「いや、そんなこと思っちゃいけない。思っていない」と抑え込んでしまいたくなります。

そんなとき、「思ってはいけない」と否定するのではなく、「ああ、私は『死ねばいいのに!』と感じるくらい、あの人のことを憎いと思っているんだな」と自分を認めてあげることがとても大事です。

人として思ってはいけないとか、社会人として思うべきではないとか、そういう話ではなく、現に「思っている」わけですから、その事実をただ認めてあげましょう。

ジャッジ(よい・悪い/正しい・間違いの判断)や否定をすることなく、ただ認め

てあげるだけで、その思いはやがて消えていきます。

「自分を大切にする」とは、条件付きのものではなく、無条件に自分を認めてあげるということです。ネガティブなことを思ったり考えたりする自分も、うまくいかない自分も、自分のことを嫌っている自分も、どんな自分も決して否定しない。ありのままに認めて受け入れる。それが、自分を大切にするベースです。

「恋い慕うわよ」という人の本質に気づく

「今、何を感じてる？」と自分に問いかけ、心の声に気づけるようになったら、今度は、その思いに行動を一致させていきましょう。

「私は今、何をやりたい？」と自分自身に問いかけて、出てきた答えをできる限り行動に移していきます。

といっても、そんな大仰なことでなくていいのです。むしろ簡単に実行できることや、日常生活の中の些細な選択のほうが向いています。ここで大事なのは、自分の心の声に従って行動してみること、自分のしたいことに行動を一致させていくことを体験し、その感覚を味わうことだからです。
例えば、「今この瞬間、何がしたい？」と自分に問いかけて「ちょっと横になって休みたい」と思ったら、ソファーで寝そべる。「コーヒーを飲みたい」と思ったら、早速コーヒーを淹れる。朝、起きたときに「今日どんな気分？」「どんな1日にしたい？」「今日は何をやりたい？」と自分の気持ちを確かめて、その日の気分とやりたいことに行動を一致させていくのも、とてもよい習慣です。

このときにポイントとなるのが、ポジティブな感覚に従うこと。僕がいつもお伝えしている「**恋い慕うわよ（こ・ひ・し・た・ふ・わ・よ）**」という7つのサインです。

こ……心地よい
ひ……惹《ひ》かれる
し……しっくりくる（スッキリする）
た……楽しい
ふ……腑《ふ》に落ちる

わ……ワクワクする
よ……喜びを感じる

「私が心地よいことって何?」「惹かれることって何?」「しっくりくることって何?」「楽しいことって何?」「納得することって何?」「ワクワクすることって何?」「喜びを感じることって何?」と問いかけて、出てきた答えに行動を一致させていくのです。

これも、まずは日常生活の中の些細な選択で実践してみましょう。今日着る服を選ぶとき「どの服がしっくりくる?」「心地がよいのはどれ?」と自分に聞いてみる。家事や仕事の合間に飲む飲み物を選ぶとき、食事のメニューを選ぶとき、買い物をするとき、どの道を通って出かけるかを選ぶとき、移動中に聴く音楽を選ぶときなど、どれが自分にとって心地よいか、惹かれるか、ワクワクするか、喜びを感じるかを基準に選択するのです。

このとき大事なのは、頭で考えるのではなく、自分の直感や感覚を大切にすること。迷ったら、「どちらがいいだろう?」と考えない。明確でなくても構わないので、少しでも楽しい・喜びを感じる・スッキリする・惹かれる・心地よいと感じるもの、「なんとなくこっちかな」「どちらかといえばこれだな」と感じるほうを選べばOKです。

選択の機会がやってくるたびに自分の心の声を聞き、心地よさや楽しさ、ワクワク、喜びを感じることを行う時間を日々の生活の中で増やしていくことは、実は本質的な自分と一致することにもつながります。

なぜなら、「こ・ひ・し・た・ふ・わ・よ」の7つの感覚は、僕たちの本質であるハイヤーセルフ（高次の自己・魂・宇宙意識）そのものだから。「こ・ひ・し・た・ふ・わ・よ」の感覚を感じられているときは、自分の魂やハイヤーセルフとしっかりつながっている状態、つまり、本質的な自分と一致している状態だからです。

この感覚に行動を一致させていくと、必ず自分が変わっていきます。自分の本質につながるようになっていきます。そして、だんだんと本来の自分にカチッと合うようになる。つまり、自分軸ができるようになるのです。

そして、「あ、なんか急にあれをやりたくなった。ワクワクしてきた」とか、今ま

ポジティブな感覚に従う７つのサイン
「恋い慕うわよ（こ・ひ・し・た・ふ・わ・よ）」

- こ …… 心地よい
- ひ …… 惹（ひ）かれる
- し …… しっくりくる（スッキリする）
- た …… 楽しい
- ふ …… 腑（ふ）に落ちる
- わ …… ワクワクする
- よ …… 喜びを感じる

でにないアイデアが浮かんできて「これ、すごく楽しそうなんだけど」と思ったりと、自分の意識が変わっていく体験をするようになります。

「こ・ひ・し・た・ふ・わ・よ」のアンテナがキャッチしたワクワクすることや楽しそうなことは、思い切ってどんどんやってみましょう。それは、あなたにとって正しい選択だからです。ハイヤーセルフは、あなたにとって最高・最善のストーリーや本当の意味での幸せや豊かさをすべて把握していますから、ハイヤーセルフからのサインにしっかり耳を傾けていれば、道を間違うことはないのです。

心の声を聞き、「こ・ひ・し・た・ふ・わ・よ」の感覚に行動を一致させていくと、その反対の感覚に対しても敏感になります。心地悪い、惹かれない、しっくりこない、楽しくない、腑に落ちない、ワクワクしない、喜びを感じないといった感覚がよくわかるようになります。

心地悪さや違和感を感じるようなことは、本来の自分の軸からズレていること。できるだけ選択しない、やらないようにしていきましょう。

この章の冒頭で、病気は本質的な自分からズレることによって起こり、最初は些細な体調不良としてサインが現れると説明しました。実は、その前に、さらに小さなサインがあります。自分がしていることに違和感があったり、今いる場所が居心地悪く感じたりと、日々の生活の中で何かしっくりこない感じがあるのです。

何が自分に違和感や居心地の悪さをもたらしているのか、よく吟味して、今の自分の環境や習慣で変えたほうがいいことがあれば、生活を変えていくことに取り組んでみてください。

本音を語るのはわがままじゃないから！

「私は今、何をやりたい？」「今、どんな気分？」と自分に問いかけたら、感じたことを言葉に出して表現することも大切です。

例えば、友人とランチに出かけて「どのお店に行く？」と話し合っているとき、自分以外の全員が「イタリアンがいいな」と言っている中で、自分は「中華料理が食べたい」と思ったとします。そこで「私は中華がいいな」と言ってみるのです。

結果的に多数決でイタリアンのお店に行くことになったとしても、まったく構いません。目的は自分の意見を通すことではなく、自分の思いを表現すること、本音を出すことだからです。

本音を出すと、それだけでスッキリします。自分に一致して、スッキリとした気持ちで存在するために、自分の思っていることや感じていることを表現するのです。

もし、その場の空気を読んで「私もイタリアンでいいよ」と言えば、自分の気持ちに蓋をすることになり、どんどん自分を見失っていくことになります。

また、自分がやりたくないことは、きちんと「やりたくない」と伝えることも大切です。

例えば、気が乗らない誘いには、「誘ってくれてありがとう。でも今回はやめておくね」と断る。「この会議は自分が出ても意味がないな」と感じたら、「こういう理由で私は欠席しようと思います」と伝える。誰かと話していて居心地の悪さを感じたら、タイミングを見計らって会話の輪から抜けるのも、1つの手です。

難しそうに思えるかもしれませんが、場数を踏めば慣れていきます。少しずつでいいので、自分の気持ちを伝える練習をしていきましょう。

本音を表現しなければ、自分の本質とズレていきます。ですから、自分が思っていること、感じていることをちゃんと表現して、対人関係においても自分と一致してコミュニケーションを取りましょう。

そう僕がお伝えすると、「それって、わがままじゃないですか？」という質問をする人が必ず出てきます。

「自分の心の声に耳を傾けて、ワクワクすること、心地いいこと、楽しいことで人生を満たしていきましょう」とお伝えするときも、同じ質問が出ます。

一般的に「わがまま」という言葉には、自分勝手、他人に迷惑をかけるといった悪いイメージがありますよね。**でも、わがままにも2種類あります。「自分さえよければいいというわがまま」と、「ありのまま（本質）を表現するわがまま」です。**

両者は、まったく異なるあり方です。自分さえよければいいというわがままは、「私がいいと思うんだからいい。私の勝手でしょ？」「わかってくれなくて結構。どうせ私とあなたは違うんだから」と、他人を切り捨てます。自分の表現に関して責任を持たない、無責任なあり方です。自分の言動によってどんな結果が想像できるのか、という想像力が欠如しており、他人に対する思いやりもありません。

一方、「ありのままを表現するわがまま」には、他人に対する愛や敬意、思いやりがベースにあるので、決して不調和を起こしません。自分の気持ちや意見を、周囲とどう調和させていくかに心を配るので、「どうして自分がそうしたいと思うのか」「なぜ、そう感じるのか」について、相手や周囲に思いを伝えることを惜《お》しむことがないのです。

ですから、そこで生まれるコミュニケーションも、お互いに対する理解を深めるような平和的なものであり、意見が違ったとしても、しこりや対立を残すことはありません。

そもそも、**自分を大切にすることは相手を大切にすることであり、自分につながることは相手につながることです。**自分の本質に一致して、自分に正直に、ありのままの自分で生きることは、自分勝手なことでもなければ、周りに迷惑をかけることでもない。どうぞ安心して、ありのままに生きてください。

それって「心の声？」「魂の声？」

ここまでの説明では厳密に区分してきませんでしたが、自分の思いを探るとき、僕たちの内面から出てくる声には「心の声」と「魂の声」の2種類があります。

心の声とは、「ロウアーセルフ」とも呼ばれ、今までのいろいろな感情的な反応によって作り出されたもの。自我やエゴ、人間的意識と言い換えることもできます。普段から認識しやすい、狭い範囲の自分です。

一方、魂の声とは、「ハイヤーセルフ」とも呼ばれ、もともとの僕たちの本質、エッセンスです。心が感情的であるのに対し、魂は常に客観的でニュートラルな意識であるという違いがあります。

心の声と魂の声は、一致することもありますが、異なることもあります。魂の声は「YES」と言っているけれど、心の声は「NO」と言っていて、魂の声が心の声にかき消されてしまうときもあります。

では、どちらを重視すればいいかといえば、当然、魂の声です。なぜなら、魂はすべてを知っているから。僕たちが生まれる前に自分で決めてきた使命や人生のテーマも、自分自身が完全に満たされるという本当の意味での幸せや、そこに至る道も、すべて知っています。

僕たちの人生というのは、その本質である魂（ハイヤーセルフ）と協働していくことで、大きくアップグレードされることになります。そして、自我やエゴが望んでいることではなく、魂の真の望みに一致していることは、非常にスムーズにいく。魂が望んでいることは、それがどんなことであれ、形になるようになっているのです。

ですから、人生における大きな選択や決断をするとき、また自分の人生をよりよい方向に軌道修正したいときは、心の声ではなく魂の声に従うことが特に大切です。

自分に何かを問いかけたとき、出てきたものが心の声なのか、魂の声なのか、迷うこともあると思います。

魂の声を聴くと、心がゆらゆらと揺れるのではなく、ピシッと定まる感覚があります。魂の声に耳を傾けた際、自分の本質である魂とつながっていれば、先の未来を思ったときに、希望の光が見えたり、深く静かな喜びを感じられたり、明るい兆しを感じられたりと、必ずポジティブな感覚を得られます。安心感があり、内側から充実感がわいてくるような、自分が満たされるような、そんな感覚です。

「何の保証もないし、どうなっていくのかわからないけど、絶対にうまくいくような気がする」というように、ポジティブな感覚がわいてくるときには、あなたはちゃんと自分自身の魂とつながり、魂の声を聴くことができています。

反対に、先を考えた際に一抹の不安を感じたり、恐怖を感じたりと、ネガティブな感情がわいてくるときは、魂とつながっていません。自我やエゴといったロウアーセルフにつながっている際には、未来を考えたときに不安や恐怖が出てくるでしょう。

魂の声を聴き、その声に従うトレーニングになるワークを紹介します。

魂に聞くときは、必ず「私」を基準にします。「私が〇〇するのはＯＫ?」「私の魂にとって最善?」というように、常に「私」を主体に質問するのです。

すると、問いかけたときに、しゅーんと急に視界が狭くなるような、なんとなく窮屈に感じるような、呼吸もしづらくなるような感覚・体感が出てくることがあります。そのときは魂から「ＮＯ」というメッセージが出ています。

「私が〇〇するのはＯＫ？」
「私の魂にとって最善？」と
自分自身に問いかけたとき、魂が「YES」「OK」ならば、呼吸もスーッと深くなる

一方、魂が「ＹＥＳ」「ＯＫ」を出しているときは、必ず広がりを感じます。呼吸もスーッと深くしやすくなります。

「こ・ひ・し・た・ふ・わ・よ」の感覚に従うレッスン（29ページ参照）と同じように、日常生活のさまざまな選択の場面で、魂に聞いてみましょう。

そのとき、どんな感覚・体感が自分に出てくるのか、注意深く観察しながら、魂からのメッセージを受け取ってください。

そして、何よりも大事なのは、**魂に聞いたら、その答えを信頼して、必ず行動に一致させていくこと。**聞くだけ聞いておいてやらない、魂の声に反した行動をするというのでは、魂との信頼関係を失ってしまいます。

魂からのメッセージの中には、なぜ今これをやるといいのか、意味がわからないものや、常識的に考えると納得できない選択、実行するのに抵抗感を覚えることもあります。でも、魂の声を信じて、勇気を出してやってみるのです。

すると、あとになって「あ、結局これでよかったんだ」「魂の声に従えばいいんだ」ということが、実際の経験を通して理解できるようになります。

そうして、心の声ではなく魂の声に耳を傾けることで善導されていくということがわかれば、もう心の声に惑わされることはなくなるでしょう。魂が自分を最善の方向に導いてくれることを本当の意味で理解するので、必然的に「魂の声に従って進んでいこう」となるからです。

第2章

地球のアセンションがメンタル不調を呼ぶ

大変革期の今、心の重荷を手放して！

うつや不安障害などの心の病気や、気分が沈む、精神的に不安定になるなど、メンタルの不調が増えています。

しかも、これまでうつとは無縁だった人が急にダウンしたり、特に思い当たる原因はないのにメンタルに不調をきたしたりしてしまうケースが多いのです。

これには、宇宙の自然な進化のプロセスの中で、地球が大きな変革期を迎えていることも関係しています。**地球は過去1万3000年の間、「分離の時代」にありましたが、2021年の冬至を境に、これから1万3000年続く「統合」のサイクルに入りました。**これが「古い地球」から「新しい地球」への移行を伴う、新たな流れです。

古い地球では、善悪や優劣、正義と不義、支配と隷属というように、すべてが光と闇、白と黒という二極の状態で存在していました。この二極が対立する状態が「分離」であり、分離の方向に向かうエネルギーの流れを「ネガティブ」といいます。

しかし、分離から統合へと向かう新しい地球では、不安や恐れ、怒り、罪悪感、無価値感といったネガティブなエネルギーから解放され、愛と調和、光に満ちたポジティブな世界へと変わっていきます。

スピリチュアルなことに興味がない人も、世界が激動の最中にあることを肌で感じているでしょう。戦争や人々の分断化、社会や経済の混乱、旧来の世界秩序の崩壊、気候変動や自然災害など、今地球で起きていることはすべて、新しい地球にはいらないものの手放しです。

世界が破滅に向かっていると感じているかもしれませんが、破滅ではなく、膿《うみ》を出し切り、いったん解体して再生へと向かうプロセスの一部なのです。心配しないでくださいね。


地球が経験しているのと同じことが、個人レベルでも起きています。新しく生まれ変わろうとしている地球のエネルギーや、地球のアセンション（次元上昇）を促す宇宙のエネルギーの影響を受けて、この時期、自分でも知らないうちに溜め込んでいたネガティブな感情が浮上しやすくなっているのです。

感情のコントロールが効かず、自分の奥底からわいてくる感情を抑え切れずに爆発させてしまったり、感情のアップダウンによって陰にこもり、うつ状態になったりするなど、心のゆらぎを経験する人もいます。わけもなく不安や焦りに駆られたり、過去の心の傷が不意によみがえってきて、苦しい思いをしたりすることもあります。

なぜ、このようなことが起きているのかといえば、**僕たち人類を次の段階へと進化させるためです。**

新しい地球で生きていくには、これまで使っていたネガティビティは重荷にしかなりません。心の重荷を下ろし、自分に制限をかけていたネガティブな思考や価値観を手放して、新しい地球で軽やかに自由に生きていくために、自分の中にもともと持っていたネガティブが浮き彫りになっているのです。

ネガティブはもともと、僕たちの本質、魂にはないものです。ネガティブな感情は心や体の病を呼び寄せます。

今、日本ではメンタルの不調やがんに悩む人が増えていますが、これらは悲しみや怒り、嫉妬、不安、イライラなどのネガティブな感情とも深く結びついています。「無理」「できない」という制限の意識やネガティブな感情は、古い地球のもの。もう必要ないと思えば、手放すこともできるのです。

この章では、ネガティブな感情の手放し方についてお伝えします。

自分を無条件の愛で受け止めよう

あなたがメンタルの不調やうつに苦しんでいるなら、まずはそのままの自分を受け入れてあげてください。

「こんなうつ状態の自分ではダメだ」などと否定しないでほしいのです。「早くこの状態から抜け出さないといけない」「早く元気になって、元の生活に戻りたい」といった焦りは、「今のままではダメだ」と自分を否定しているからこそ生まれます。

もちろん、最初は100％そう思えなくても構いません。ただ、「そんな自分でもいいじゃない」「大丈夫だよ」と、自分で自分に言ってあげましょう。そして、今の自分を丸ごとありのままに受け入れようとしてみてください。

うつ状態のときは悲観的な感情や思考に支配され、「自分は役に立たない」「生きている資格がない」「ダメな人間だ」といった自己否定感や自責感（自分で自分を責める感情）、絶望感、不安、焦燥感《しょうそうかん》（焦りやイライラ）がわいてきます。

「なんで自分がこんなことに」「こんなことになるなんて情けない」「家族や職場の人たちに迷惑をかけて申し訳ない」など、いろいろな思いが出てくるかもしれません。

でも、自分が自分を受け入れてあげられなければ、誰も認めてくれませんし、受け入れてもくれません。本当の意味で認め受け入れられるのは、自分自身しかいないのです。

まずは、**自分をギュッと抱きしめながら「そんな自分でもOKだよ」と言ってあげてください。そして「よくやってるね」と声をかけてあげましょう。**

すると「そんなわけがない。私はうまくできていないし、よくやってもいない……」などと、エゴがあれこれ言ってきます。それでも、その言葉に耳を傾けるのではなく、今のありのままの自分をそのまま認めてあげることに意識を使ってほしいの

「よくやってるよ。大丈夫だよ。うつの自分だって、それはそれでいいんだよ」と無条件の愛を注ぎ、自分自身を受け入れる
よくやってるよ大丈夫だよ

です。それは、無条件の愛を自分に注ぐことでもあります。

「よくやってるよ。大丈夫だよ。うつの自分だって、それはそれでいいんだよ」と、まずは受け入れてあげること。

　そうすると、だんだん自分の心の中に「余裕」というスペースが生まれます。逆に自分を否定すれば、スペースはどんどんなくなり、窮屈《きゅうくつ》になるのです。

　否定するのではなく、まずは受け入れてあげることで、自分にスペースを作ってあげましょう。スペースができれば、家族や友人、または見ず知らずの人、あるいは世界から、あなたに向けられていた愛に、もっと気づくことができると同時に、さらに受け取ることができるようになるでしょう。

そうすると、「自分は愛されている」「認められている」「受け入れられている」と感じられるようになり、さらに余裕が生まれることになります。

それは、うつ状態の自分に希望の光が差し込むような体験となり、「ああ、こんな自分でもいいのかもしれない」と、ますます自分を受け入れられるようになります。それによって、本来の自分とのつながりを取り戻し、認識力も拡大し、新たな可能性が視界に入ってくるようになるのです。

これは、うつ状態からの解放も意味していますが、それは抜け出そう抜け出そうとした結果ではなく、自分を受け入れることによって起こる自然な変化のプロセスであると言えるでしょう。なぜなら、無条件の愛はすべてを変容させるエネルギーだからです。

「変容させる」とは、変えようとすることではありません。変化する余地を与えるということです。**無条件の愛を自分に与えることで、自分の中に愛があふれ、本質が輝き始めます。そのポジティブな影響力が、ナチュラルに自分に変化を促すことになる**

のです。

第3章で紹介する「ハートを含めた、あなたという全存在を愛で満たすワーク」（100ページ参照）を行うのも効果的です。

うつ状態やメンタルの不調に限らず、体の病気になったときも、同じです。今がどんな状態であろうと、自分を決して否定しない。ありのままに認めて受け入れる。

それが、自分に無条件の愛を注ぐことであり、自分を大切にするベースでもあります。

もし、周囲にうつの人がいて、あなたが何かしてあげたいと思ったら、無条件の愛を与えてあげてください。励ましたり慰めたりするのではなく、ただ、ありのままを認めて受け入れ、「そのままでいいんだよ」という視点で見守ってあげるのです。

それとともに、マゼンダピンクの光で、その人を包み込むイメージをしてあげることも役立つでしょう。ピンク系の色は、ハートにつながる色。中でもマゼンダピンクは無条件の愛を象徴する色で、マゼンダピンクの光は無条件の愛のエネルギーを持っています。

気持ちが落ち込んだときや孤独感を感じたとき、自分がマゼンダピンクの光で包まれているとイメージするだけでも、心が癒されていきます。

ネガティブな感情を解放する「手放しのワーク」

今、あなたを最も苦しめているネガティブな感情は何ですか？

自分自身や将来についての不安でしょうか。誰かに対する怒りや憎しみ、嫉妬でしょうか。孤独感や絶望感、無力感に打ちひしがれているかもしれません。

あなたが「もう充分に味わった。この感情は、私にはもう必要ない」と思うなら、今この場で、その感情を手放すこともできます。

僕が長年、さまざまな場でお伝えしている基本メソッドの1つに「手放しのワーク」があります。シンプルなワークですが非常に応用範囲が広く、心の重荷を手放すのにも有効です。

やり方を説明しますので、ひと通り読んだあと、まずは一度、試してみてください。

手放しのワークには、3つのステップがあります。「不安」を例に説明しますが、他の感情についても同じです。

自分が今、手放したい感情を題材にワークをしてみましょう。

【ステップ1】は、「認める」です。

自分がその感情を選んで使っていることを認めましょう。

感情について、僕たちは「不安を感じる」とか、「怒りを感じる」といった表現を使います。このとき、外の現実によって不安を感じさせられている、怒りを感じさせられている、という意識があると思います。

実際、不安に悩んでいる人は「私は不安なんて感じたくないのに、不安で不安で仕方がない。どうしてこんなに不安になるんだろう……」と言います。

けれども、真実は違います。

不安という感情を自分で選んで使っているのです。だから、不安を体感できている。何らかの感情を感じるということは、その周波数に自らチャンネルを合わせて使っているということなのです。

僕たちは、自分の中にいろいろな周波数の感情を持っています。喜びや幸せ、安心もあれば、怒りや悲しみ、不安もある。不安でたまらない人は、数ある感情の中で、不安という周波数にわざわざ自分でチャンネルを合わせて使っています。そうでなければ、不安を感じることはできません。

そう言うと、「絶対そんなはずない。不安なんて大嫌いだから、自分で好き好んで選ぶわけがない」と反発を覚える人もいるでしょう。

でも、自分が選んで使っているからこそ、自分で手放すこともできるのです。自分で選んで使っていることを認めない限り、手放すという選択肢は出てきません。納得できなくてもいいので、まずは認めてください。

【ステップ2】は、「許可する」です。

その感情を自分で使っていると認めることができて初めて、それを使い続けるか、手放すかという2つの選択肢が出てきます。ステップ2では、その感情を手放すことを自分で自分に許可します。

最後の【ステップ3】は、「手放す」。

このステップでは、その感情を手放します。握りしめていた手をパッと開くと同時

「手放しのワーク」のやり方

1 不安を感じていることを認める

「不安を感じていることを認められる？」と自分に聞き、認められたら「YES」と答える。このとき、胸のあたりに握りこぶしを当てて、その握った手の中に自分が使っている不安という周波数のエネルギーを流し込むイメージをする。

2 不安を手放すことを許可する

「自分で選んで使っていた不安を手放してもＯＫ？」と、自分に許可を求め、「ＯＫ」と答える。

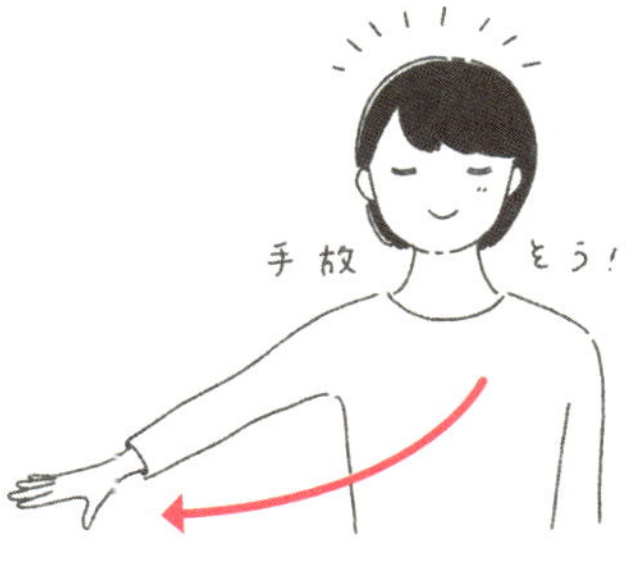

3 不安を手放す

「じゃあ今、手放そう！」と言って、握っている手を下に向けてパッと開き、最後に大きく深呼吸をする。

に、自分が使っていた感情が、ストンと落ちていきます。これは、やってみるとわかります。手放したら、最後に深呼吸。これで完了です。


実際にやってみて、どうでしたか？

心が少し軽くなり、気持ちがスッキリした感じがあると思います。

ステップ1～3の手順を2回ほどくり返すとよいでしょう。手放したい感情が消えた、薄らいだと感じられたらＯＫです。

手放すのにベストなタイミングは、その感情を感じたときです。ネガティブな感情を感じるたびに、この3つのステップで手放していけば、どんどん自分の意識が軽やかになっていくのがわかります。

その場でワークができない場合は、自分を客観的な視点から俯瞰《ふかん》するというのも、1つの方法です。例えば、不安が高まってきたら「ああ、私は今、不安を感じている」「いつものグルグル思考が始まった」「うなだれている」「ため息をついている」などと、自分を実況中継するように、外から眺めるような意識で自分を観察してみてください。

すると、不安という周波数にピタッと重なった状態から少しずつ離れ始め、不安も少し薄らぎます。その状態で手放しのワークを行うと、ごっそり手放すことができるでしょう。

僕たちの本質はポジティブそのもの

ここで、ポジティブとネガティブについて、少し説明しておきましょう。

「ポジティブ＝明るくて前向きでよいもの」「ネガティブ＝暗くて後ろ向きで悪いもの」というイメージを抱いている人が多いかもしれません。

しかし、ポジティブとネガティブは、「どちらがいい／悪い」「正しい／間違っている」というものではありません。単に、エネルギーの質や方向性、周波数が違うだけです。

「統合」に向かうエネルギーの流れがポジティブであり、その反対の「分離」の方向に向かっていくエネルギーの流れがネガティブです。ポジティブは軽やかで、ネガティブは地球に特有の重たいエネルギーです。

僕たちの本質、もともとの魂は、完全に統合されたポジティブな意識そのものです。僕たちはもともと宇宙意識であり、高い周波数で振動している存在でした。その意識の内側は、喜び、ワクワク感、豊かさ、幸福感、愛、平和、調和、安らぎなどのエッセンスであふれています。これは、今の僕たちが「いいな、そういう体験をしたいな」と願う心地よい感情や感覚そのものです。

一方、地球は、善悪や優劣、正義と不義、支配と隷属というように、すべてが光と闇、白と黒という二極の状態で存在する「分離」の惑星です。肉体を持って地球に生まれ、人生でさまざまな出来事を体験する中で、僕たちは不安や恐れ、悲しみ、苦しみ、怒り、憎悪、嫉妬、罪悪感、劣等感といったネガティブな感情を味わいます。

でも、そうした重たい感情を感じるためには、本来の高い意識のままでは、軽やかすぎて体験できなかったので、波動を落とすために、わざわざ完全にまん丸で曇りのないポジティブな意識を分離し、まるで細胞分裂するがごとく、小さく切り刻まれたような意識になったのです。

結果、その一部分だけを「自分」だと思い込んでしまうことになります。だから「私なんか取るに足らない人間で、ちっぽけな存在で、何もできない……」と思えるのです。
本来の自分は軽やかで自由で、何でもできる完全な存在なのに、そのことが見えなくなってしまう。これが、ネガティブな分離の意識から無価値感や罪悪感、自己否定や自信のなさが生み出される仕組みです。

僕は常々、「ネガティブな感情を感じたら手放しましょうね」とお伝えしてきました。それは「ネガティブは悪いものだから」というのではなく、「本来の自分のものではないものを手放して、分離した意識を元の統合された状態へと戻していこう」という意図からです。

罪悪感を覚えたら手放す。無価値感を捉えたら手放す。嫉妬を感じたら手放す。不安や恐怖に苛《さいな》まれたら手放す。

そうやって自分の中のネガティブな感情を1つずつ手放すたびに、完全な意識（球体）の波動を落とすために、1本、また1本と刻みつけた分離の線が1本ずつ消えていくことになります。そうして、ネガティブを手放していけばいくほど、元のまん丸な姿が見えてくるわけです。

これが「統合」です。言い換えれば、僕たちの本質であるハイヤーセルフとのつながりを取り戻し、自分がハイヤーセルフそのものであると思い出すことが、統合なのです。

ざっくり分類すると、ネガティブとは、僕たちが心地よくないと感じる性質のもの。心地よくないと感じるものは全部、この地球の周波数であり、本来の意識の中にはないものです。

僕たちの本質、魂のエッセンスは、ネガティブと呼ばれる要素を一切持っていません。**ネガティブは、僕たちが地球で経験する人生をドラマチックに彩るスパイスのようなものとも言えます。**

絶望があるから希望がいっそう輝き、難しい・できないと思うから挑戦心をかきたてられ、成功したときの達成感もより甘美に感じられるわけです。

けれども、ネガティブを自分の持って生まれた性質や性格のように誤解している人が少なくありません。「私、心配性なんです」「怖がりなんです」「被害者意識が強いんです」「コンプレックスの塊なんです」「ネガティブな性格なんです」などと自己紹介する人がいますが、そんな性格はありません。

本当は、不安や恐怖、被害者意識、劣等感といった周波数を自分が選んで使っているだけなのですが、長年くり返し使っているうちに年輪のように積み重なり、あまりに親しみ過ぎて、まるで自分のパーソナリティの一部のように錯覚してしまうのです。

性格でも何でもなく、ただの思い込み。単に自分が握りしめているだけで、手放そうと思えばいつでも手放せるものです。

ただし、1回手放せば、全部消えてなくなるわけではありません。感情は、玉ねぎの皮のようなものです。玉ねぎは、上にある皮を何枚か剝がしても、まだ下に皮が残っていますよね。感情の手放しもこれに似ていて、1つ手放しても下にあるものが浮上してくることがあります。ですから、ネガティブな感情が出てくるたびに、根気強く手放し続けてください。

すると、最初は臨場感たっぷりに感じていた感情も、どんどん希薄になっていきます。手放せば手放すほど、その感情を感じるような出来事も起こらなくなります。同じようなシチュエーションに遭遇しても、ネガティブな感情がわいてこない。その同波数にチャンネルが合わなくなるのです。

不安や恐れ、後悔の念、自己嫌悪など、ネガティブな感情が出てきたら、思い悩んだり感情に飲み込まれたりするのではなく、手放していきましょう。

ネガティブな感情は自分の性格や環境のせいで出てくるものではなく、自分で手放すことができるとわかるだけでも、気持ちが少し軽くなると思います。

「幸せになってはいけない」と思ってない？

「幸せになりたいのに、なれない」と悩んでいる人がいます。

あと一歩で仕事の成果が認められて昇進できる、というところで思わぬ失敗をしてしまう。受検や就職試験など、人生の大事な場面に限っていつも失敗する。

結婚したいのに、なかなかできない。やっと理想のパートナーに巡り会えたと思っても、毎回なぜか自分から関係を壊してしまう。

ケースはさまざまですが、どうして私はいつも、あと一歩で幸せをつかめるというときにダメになってしまうんだろう……と苦しんでいます。

なぜ、幸せになりたいのに、なれないのでしょうか。いくつか原因は考えられますが、多いのは「**無価値感**」や「**罪悪感**」がベースにあることです。

僕はこの2つを「地球の2大バイブレーション」と呼んでいます。

僕たちが、ハイヤーセルフという大いなる完全な意識の波動を下げて、地球での人生を体験しようと降りてきたときに生み出された最初の周波数が「無価値感」と「罪悪感」です。これらは非常に根深く、重たいウエイトのように機能する周波数です。

いわば、地球で過ごすための重りともいえるもので、意識はしていなくてもほとんどの人が無価値感や罪悪感を抱いています。

地球の2大バイブレーションは、幸せになるのを阻むブロックとしても働きます。

その理由を説明していきましょう。

無価値感とは、「自分には価値がない」という心理や感覚。自己肯定感とは真逆の感情です。人生を生きていくときに大事なのは、いかに自分の力を信じられるか、ということです。そこに少しでも迷いや疑いの気持ちがあると、うまくいきません。

無価値感を抱いている人は、自分で「やってみよう」と思って始めてみても、「本当にできるの?」「それは、うまくいくの?」という疑問を自分に投げかけ、「できない」「うまくいくはずがない」と答えを出してしまいます。やる前にあきらめてしまったり、途中までうまくいっても自信がゆらいだりして、最後までやり遂げることができません。

何をしても、「自分には力がないから、うまくいくはずがない」と考えるクセがついてしまっているのです。そして、うまくいかなかった経験によって、いっそう無価値感を強化します。

「自分には力がない」というのは、「自分には価値がない」と言っているのと同じです。無価値感の中で生きていると、「自分には幸せになる価値がない」という風に考えます。それは、自分に「幸せになってはいけない」と言っているのと同じことです。

また、無価値感がベースにあると、優劣の比較が始まります。「相手に比べて自分は価値がない」「相手よりも自分は価値がある」と比較して、劣等感に悩むことになります。「私はダメだ」という自己否定感も、無価値感から生まれます。

また、無価値感の強い人は「どうせ自分なんて……」という思いから、他人から虐《しいた》げられることを甘んじて受け入れてしまったり、反対に誰かを虐げることによって自分の中の空虚感を埋めようとしたりします。

どんな場でも大事に扱ってもらえない、意地悪や嫌がらせを受けやすいという人は、自分自身が、自分を価値ある存在として見ていないのです。自尊心が低く自分を大切にできない人は、他人からも大切にされません。

もちろん、価値がない人なんて誰一人いません。誰もが等しく、存在しているだけで価値があります。

あなたには、幸せになる価値があります。幸せになれる力もあります。そのことを決して否定しないでください。

無価値感は地球の周波数なので、本来の自分のものではありません。自分は無価値感が強いと思っている人は、無価値感を自分のものだと錯覚しているだけ。自分のものではないのですから、手放そうと思えば、いつでも手放すことができます。

まずは、そのことに気づくことが大切です。

一方、罪悪感は、「私のせいだ」「私が悪い」と感じ、自分を責める感情のこと。

「自分は罪を背負っている」という罪の意識です。

自分が幸せになることに対して罪悪感を持つ人もいます。「私は幸せになってはいけない」と思っているから、幸せまであと一歩のところですべてを台無しにするような言動を取ってしまうのです。「お金持ちになりたいけどなれない」という人には、お金に対する罪悪感が根底にあるケースも多いです。

罪悪感は、無価値感よりも自覚しにくいものです。「私は過去にあんなひどいことをした」「私のせいで人を不幸にしたから、私だけが幸せになってはいけない」といった具体的な過去の体験の記憶があり、それがきっかけで罪悪感を持つようになった人もいますが、無意識のうちに罪悪感を抱えている人も少なくありません。

けれども、表層的な意識では捉えられていないものも、手放すことはできます。そのワークをご紹介しましょう。

基本的なやり方は55ページで紹介した「手放しのワーク」と同じですが、手放す対象を「**私にとってブロックとなっている周波数**」とします。それが何なのか、自分ではわからなくても大丈夫です。自分の本質であるハイヤーセルフは、それが何であるかを明確に知っています。

無価値感や罪悪感を手放すワーク

【ステップ1】認める

「私にとってブロックとなる周波数を使っていることを認められる？」と自分に聞いてあげます。

そして、認められたら「ＹＥＳ」と答えます。

このとき、ブロックとなる周波数を、イマジネーションの力を使って目に見える形にします。胸やみぞおちのあたりなど、それを感じている場所で、思い浮かぶ形にします。モヤモヤした黒い霧のような姿でイメージしてもいいですが、黒くて重い鉄の塊など、リアル感のあるものがイメージしやすいでしょう。

これは、あなたが長年使ってきた古い周波数で、何重にも塗り固められています。だから、すごく硬くなっており、重量感もすごいはずです。その硬さと重さをしっかりとイメージします。

【ステップ2】許可する

「自分で選んで使っていたブロックを手放してもＯＫ？」と、自分に許可を求めます。

「ＯＫ」と答えます。

このとき、両手が磁石になっていると見立てて、体の中にあるずっしりと重いブロックの塊を、ズルズルと外に引き出します。重く大きなブロックの塊を両手に抱えた状態で、「これを手放してもＯＫ？」と、自分に質問します。

【ステップ3】手放す

「じゃあ今、手放そう！」と言って、両手をポンと上げます。

その瞬間、ブロックが粉々になり、瞬く間に宇宙の彼方に吸い込まれていく様子をイメージします。粉々になったブロックは宇宙ですぐさま浄化され、キラキラと輝くゴールドの光になって戻ってきますから、大きく深呼吸をして、その光の粒子を最後の一粒まで体の中に引き入れます。

光の粒子を吸い終わったら、パタンと扉を閉めるように、ブロックを引き出した場所を両手で押さえます。そして、最後に大きく深呼吸をして終了です。

無価値感や罪悪感を手放すワーク

【ステップ1】 認める

「私にとってブロックとなる周波数を使っていることを認められる？」と自分に聞き、認められたら「YES」と答える。このとき、モヤモヤした黒い霧や黒くて重い鉄の塊などをイメージする。

【ステップ2】 許可する

「自分で選んで使っていたブロックを手放してもＯＫ？」と、自分に許可を求め、「ＯＫ」と答える。このとき、体の中にあるずっしりと重いブロックの塊を、ズルズルと外に引き出しながら、「これを手放してもＯＫ？」と、自分に質問する。

【ステップ3】 手放す

「じゃあ今、手放そう！」と言って、両手をポンと上げる。その瞬間、ブロックが粉々になり、瞬く間に宇宙の彼方に吸い込まれ、浄化される。キラキラと輝くゴールドの光になって戻ってきたら、大きく深呼吸をして、その光の粒子を最後の一粒まで体の中に引き入れる。

光の粒子を吸い終わったら、パタンと扉を閉めるように、ブロックを引き出した場所を両手で押さえる。最後に大きく深呼吸をして終了。

このワークでは、自分と一体化していて何かよくわからないものを形あるものとして取り出して手放すために、イメージの力を活用します。これを「バイブレーション・ビルディング」といいます。

また、手放したあとに宇宙で浄化し、もともとの自分の高い波動の統合された光に変えて再び自分に戻すことで、波動のパターンを変えることができます。

このワークは、いろいろと応用ができます。ブロックの代わりに「ネガティブな周波数」や「病気の元になっている周波数」で行うのもおすすめです。

何が病気の原因なのか、考えなくても「周波数」と言えばハイヤーセルフは知っているので、それを重く硬い鉄の塊に見立てて、手放していきましょう。

トラウマを解消する2つのワーク

PTSD（心的外傷後ストレス障害）とまではいかなくても、トラウマ（心の傷）を抱えている人はたくさんいます。

あのときいじめに遭って以来、対人恐怖症になった。幼い頃、親からあんな仕打ちを受けたから、自分も子どもに対してうまく愛情を注げない。ある失敗をして以来、同じようなシチュエーションを避けるようになった。私の人生がうまくいかないのは、あのときにあんな経験をしたせいだ。

トラウマを抱えている人は、「忘れたいけど、忘れられない」と言います。「あんなにひどい仕打ちを受けたのだから、忘れられるはずがない」と。

でも、それは感情を握りしめているからなのです。あのとき、あんなにつらい思いをした。悲しかった。悔しかった。憎い。許せない――。その感情を手放せないから、いつまでも忘れられない。

記憶と感情は、紐《ひも》づいています。**感情を握っている限り記憶は残り、感情を手放してしまうと、その記憶の映像は消えていくか、無色透明な、自分にとって無害なものに変わっていくのです。**

記憶の仕組みは、記憶という映像と感情が結びついた状態です。ある体験をしたときに、とても怖い思いをした。死ぬかと思うほど追い詰められた。すごく恥ずかしい思いをした。みじめな思いをした。寂しくてたまらなかった。ものすごい不安に苛まれた。猛烈な怒りを感じた……。

感情の種類はさまざまですが、強烈な感情が記憶に紐づいてつなぎとめられているので、同じような状況を目の前にすると、そのときに感じた感情も一緒に出てきてしまうのです。

逆にいえば、そのときの感情を手放すことができれば、もう紐づくものがなくなるので、トラウマになっている記憶が自分の意識から消えていきます。すると、その記憶を思い出したとしても、そこに何の感情も乗らなくなります。つまり、トラウマとしての影響力はなくなるのです。

「トラウマを克服しなければいけない」と戦ったり、「いつまでも過去のことに囚われてはいけない」などと否定したりする必要はありません。つなぎとめている感情さえ手放せば、その記憶は、膨大な記憶の中の単なる1ページに戻っていきます。

ここでは、トラウマを手放す方法を2つ紹介します。

1つは、基本の「手放しのワーク」の応用です。

トラウマを解消するワーク①　手放しのワーク

まず、トラウマになっている出来事を象徴する1シーンを思い浮かべます。そして「あのときのあの感情を私が使っていると認められる?」と自分に問いかけ、「OK」と答えます。胸の前に握りこぶしを当てて、自分がそのとき抱いた感情を握りしめているとイメージします。

次に、「自分で選んで使っていたこの感情を手放してもOK?」と、自分に許可を求め「OK」と答えます。

そして最後に、「じゃあ今、手放そう!」と言って、握っている手を下に向けてパッと開き、感情を手放します。終わったら、最後に大きく深呼吸をします。

ワークを行ったあと、イメージのスクリーンにもう一度トラウマになっている記憶の1シーンを映し出して、自分の感覚を確かめてみてください。

すると、以前ほど激しい感情が出てこなくなり、完全ではないかもしれないけれど、トラウマが外れていることがわかるはずです。

こうやってワークの前後に感覚をチェックすることが大事です。自分で手放すことができるとわかれば、それが自信につながるからです。

トラウマを解消するワーク①
手放しのワーク

1

トラウマになっている出来事を象徴する１シーンを思い浮かべ、「あのときのあの感情を私が使っていると認められる？」と自分に問いかける。「ＯＫ」と答え、胸の前に握りこぶしを当てて、自分がそのとき抱いた感情を握りしめているとイメージする。

2

「自分で選んで使っていたこの感情を手放してもＯＫ？」と、自分に許可を求め、「ＯＫ」と答える。

3

最後に、「じゃあ今、手放そう！」と言って、握っている手を下に向けてパッと開き、感情を手放す。終わったら、最後に大きく深呼吸をする。

トラウマを解消するワーク②　水に流すワーク

2つめのワークは、文字通り「水に流すワーク」です。トラウマになっている出来事を象徴する1シーンを思い浮かべ、それをイメージの中で1枚の写真にして川に浮かべます。

その写真は川の流れに乗って流されていくので、どんどん遠ざかり、最後に見えなくなるまで見送ります。

どちらでも、自分がやりやすいワークでOKです。トラウマ体験の記憶がよみがえるたびに、手放しましょう。「あのときのあの感情を手放そう」と、手放し続ければ、トラウマは外れていきます。

そして、トラウマとなっていた記憶も、いつしか嫌な思い出ではなくなります。「ああ、そういうこともあったたな」と、ただの記憶として捉えられるようになったり、「あの出来事があったから、今があるんだ」といった気づきに変わり、ポジティブな経験として捉え直すことができるようになったりするのです。

トラウマを解消するワーク②
水に流すワーク

トラウマになっている出来事を象徴する１シーンを思い浮かべ、それをイメージの中で１枚の写真にして川に浮かべる。その写真は川の流れに乗って流されていくので、どんどん遠ざかり、最後に見えなくなるまで見送る。

ひとつあえて厳しいことをいうと、心の傷となって残る忘れられない出来事、トラウマ体験というのは、言い方を変えれば被害者意識です。自分の意図に反して、あの人から一方的にひどいことをされた。あの出来事のせいで、うまくいかない。そんな被害者意識を握りしめているのです。

被害者意識も古い地球の周波数で、自分からパワーを奪うものです。うまくいかないことを誰かのせいにする、ある出来事のせいにするということは、自分のパワーを、その相手やそのシチュエーションに預けることになるからです。

僕たちには自分が望むように現実を創造し、自分が望む人生を実現するパワーがあるのに、そのパワーと自由を削がれてしまうのはもったいないと思いませんか？

トラウマは、今起きていることではなく、単なる過去の記憶です。過去の記憶にずっと人生を支配され続けるのか。支配から解放されて「こうなったら最高！」と自分が思える未来につながっていくための行動を取るのか。

その選択は、今できます。選択次第で、あなたの人生をここから変えていくこともできるのです。

トラウマの記憶がよみがえるたびに、「私はどちらを選ぶ？」と自分に問うのも、いい方法です。望ましいほうを選び続ける、自分の人生を歩むと決意し続けるうちに、トラウマから解放され、人生も自分が望む方向へと変わっていきます。

外向きから内向きへ意識を変える

「現実の出来事によって感情が喚起される」と多くの人が思っていますが、実際は逆です。自分の中にある感情が、それに対応した現実を引き起こしているのです。

「あの人にひどいことを言われて深く傷ついて、『自分には価値がない』と感じた」ではなく、「自分に価値がないと思っているから、そんなことを言う人が現れた」が正解です。

つまり、**あなたが今、目にしている現実は、自分が持っている感情が投影されたものだということ。**不安を心に抱えている人は、不安がますます増幅するような現実を体験することになります。

ニュースを見て不安や恐怖、絶望を感じて気が滅入る人は、ニュースをきっかけに、自分の中にもともと持っていた、いろんなネガティブな感情があぶり出されているのです。

目の前の現実に一喜一憂して自分をすり減らしたり、何とか現実を変えようとあがいたりしても、どうにもなりません。現実は、自分の内面を映す鏡。自分の意識が現実を作り出しているのですから、現実を変えたければ、意識を外ではなく自分の内側へ向けていく必要があります。

あなたの心を乱すネガティブな感情は、すべて自分で手放すことができます。現実を、自分をネガティブな気分にさせる原因ではなく、自分が統合するために手放す必要のある、ネガティブな感情を見つけるきっかけと捉えてみましょう。

不安が出てきたら、手放す。「自分にはできない」「自分はダメだ」の思いが出てきたら、手放す。「人から嫌われるのが怖い」と思ったら、その恐れを手放す。むなしさが出てきたら、手放す。嫉妬が出てきたら、手放す。自分を縛る「～ねばならない」「～べきだ」という思い込み・信念も、必要ないと思えば手放すことができます。すべて自分が選んで使ってきたものだからです。

そうしてネガティブを手放した先に立ち現れてくるのが、自分の本質。ハイヤーセルフです。ハイヤーセルフと一体化すると、ネガティブもポジティブもないニュートラル（中立）なものとして、現実が見えてきます。心も本来の平穏を取り戻し、現実に一喜一憂することなく、自分が望む現実を創造する主人公として、完全に満ち足りた深い喜びと幸せの中で、軽やかに自分の人生を思い通りに生きていくことができるのです。

外向きから内向きへ意識を変えたほうがよい理由は、もう1つあります。うつになったり気分が落ち込んだりするのは、必要なエネルギーが自分の中に留まれず、漏れ出してしまうことが一因です。そんな状態で他人のことや外の現実に意識を向けていると、外のことにエネルギーを奪われて、心身ともにますます疲弊してしまいます。

自分よりも他人や外での出来事を優先させ、本音や本心を抑えて周りに合わせてしまう他人軸の生き方をしていると、どんどん自分の本質からズレていきます。それはエネルギーの供給源から絶たれることを意味するので、どんどんエネルギーが枯渇していくわけです。

一方、**意識を自分の内面に向け、自分の本質と一致していけば、エネルギーも満ちてきます。**

自分の本質とズレていると、自分が何をやりたいかわからない、感情がわいてこない、生きる希望が持てないといった、文字通り「魂が抜けた状態」になります。

つまり、うつや無気力状態から脱し、元気を取り戻す意味でも、自分の内面に意識とエネルギーを集中させることが大事なのです。

自分の本質と一致していくための方法については、すでに第1章でお伝えしました。「私は、どう思う？」「私は、どう感じる？」と自分に問いかけて心の声を知り、自分の思いに行動を一致させていくことが、その第一歩です。

好きな香りと音楽で波動を上げる

ネガティブな感情を手放すことと並行して取り組んでいただきたいのが、第1章で紹介した「こ・ひ・し・た・ふ・わ・よ」の感覚に行動を一致させていくことです。

ただし、行動する気力もわかない、今はただ休みたいという人もいると思います。

そんな場合は、自分にとって心地よいもの、気持ちが安らぐものを身近に揃えることから始めるといいでしょう。例えば、ルームウェアを着心地や肌触りのよいものに変えてみる。お気に入りの飲み物とお菓子でティータイムを楽しむなど、心地よい時間を過ごすのもいいですね。自分が心地よいこと、気持ちが満たされることを行うのは、自分を大切にし、自分に愛を注ぐ行為。たっぷり愛を注いであげてください。

僕のおすすめは、香りと音楽です。香りや音楽は気分を一瞬で変え、波動も変えてくれます。リラックスできる香り、気分がシャキッとする香り、元気が出る音楽、やさしい気持ちになれる音楽など、なりたい気分に合わせてお気に入りをセレクトして楽しむのもいいでしょう。

「私が心地よいと感じるのはどんなとき?」「惹かれることって何?」「しっくりくることって何?」「楽しいことは?」「納得することは?」「ワクワクすることは?」「喜びを感じることは?」をじっくり考えて、「こ・ひ・し・た・ふ・わ・よ」リストを作るのもおすすめです。

リスト作りを通して自分に対する理解が深まり、気分が落ちたときに何をするといいかのヒントも得られます。

元気になったら、できることからリスト内容を実践してみましょう。ただし、無理は禁物。やりたいことであっても「今の自分には厳しいな」と感じるなら、今はまだそのタイミングではないということです。

自分が望む生き方について改めてじっくり考えてみることも、ぜひ取り組んでいただきたいことです。

この人生で自分は何をしたいのか、したくないのか。どんなところで、誰と、どんな生活を送りたいのか。どんな自分でありたいのか。自分が望む人生を実現するために、手放したほうがいいものは何か。

具体的で明確なビジョンを描き、その人生を生き切ると自分に誓います。もし、具体的なビジョンが浮かばない場合、もしくはわからない場合は「**私の魂が望む、理想の現実を選択する**」と意図してください。そうすることによって、現実に変化が現れ、「あぁ、私はこういう現実を体験したかったんだ……」と気づくことになるでしょう。

「こ・ひ・し・た・ふ・わ・よ」の感覚に行動を一致させながら、自分が望む理想の人生に向かって歩み始めたあとも、ネガティブな感情や感覚を自分の中に発見することは多々あります。

でも、それは自分の本質へと近づいていくチャンス。自分の中にネガティブな感情や感覚を捉えたら、その瞬間にサッと手放す。そうして自分の本質とのつながりを取り戻していけば、波動が上がり、常に「こ・ひ・し・た・ふ・わ・よ」の意識と状態で存在できるようになります。

つまり、喜びや楽しさ、ワクワク感に常に満たされ、何が起きても起きなくても、誰がいてもいなくても幸せで、豊かな気持ちでいられる。他人軸から解放され、緊張やストレスがなくなるので、どこにいても誰といても、ありのままの自分でリラックスして過ごせる。

心のバランスが取れ、感情的・精神的なアップダウンもなく、いつも気分よく、心地よくいられるようになるのです。

第3章

ハートチャクラを活性化させよう

高次と低次の世界をつなぐカギ

心と体の病気や不調を治すために、また自分の本質とつながるために不可欠なのが、ハートチャクラを活性化させることです。

チャクラとは、サンスクリット語で「円」「円盤」「車輪」の意味で、**気（生命力）やエネルギーが出入りする「人体のエネルギーポイント」のこと**。ヨガをしている人なら、チャクラという言葉を聞いたことがあるかもしれませんね。

僕たちの体には、体幹の中心線に沿って7つのチャクラがあります。骨盤の底、会陰《えいん》部にあるのが第1チャクラ。丹田《たんでん》（ヘソの下10センチあたり）には第2チャクラが、へそとみぞおちの間には第3チャクラがあり、両胸の間にある第4チャクラが「ハートチャクラ」と呼ばれています。ハートチャクラから上は、喉仏《のどぼとけ》の下に第5チャクラが、眉間《みけん》に第6チャクラがあり、頭頂部に第7チャクラがあります。

7つのチャクラには、それぞれ役割があり、すべてのチャクラが浄化され、バランスよく活性化されていれば、体と心、魂のエネルギーが滞りなく流れ、エネルギーに

体内にある７つのチャクラ

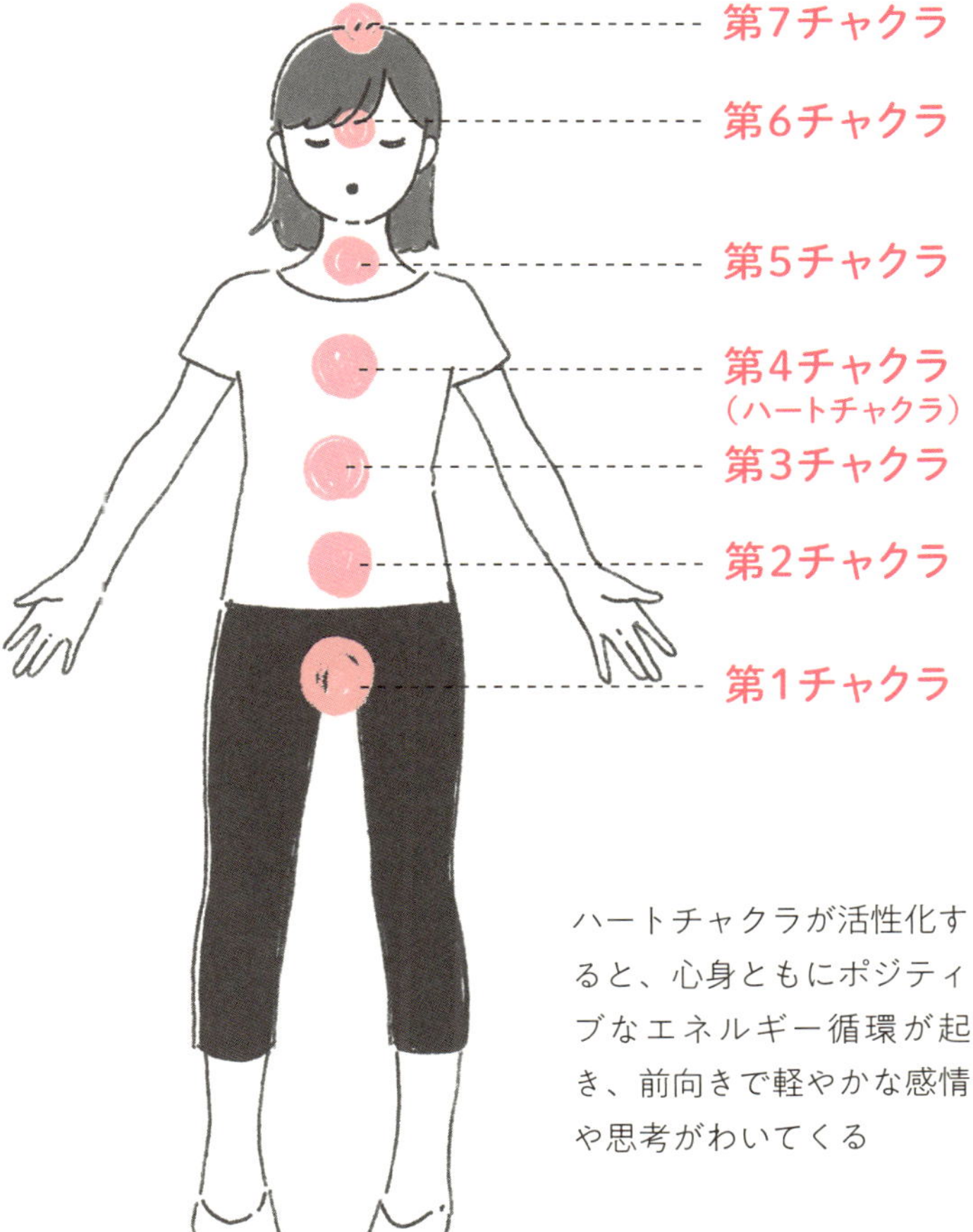

ハートチャクラが活性化すると、心身ともにポジティブなエネルギー循環が起き、前向きで軽やかな感情や思考がわいてくる

満ちた元気な状態でいられるのです。

7つのチャクラの真ん中にあるハートチャクラは、高次の世界と低次の世界のつなぎ役をしています。

高次の世界は見えない世界で、低次の世界は目に見える物理的な世界。この宇宙は、高次の世界に取り囲まれるようにして成り立っています。

僕たち人間の体もそう。目に見える肉体の周囲を、目には見えないエネルギー体が包んでいます。見える世界と見えない世界の両方を同時にまたいで生きることが、これからの時代を生きる僕たちにとって、とても大事なことなのです。


ハートチャクラは高次の世界と低次の世界をつないでいるので、これが活性化すると、魂やハイヤーセルフといった目に見えない存在とのつながりが生まれてきます。すると、心身ともにポジティブなエネルギー循環が起き、前向きで軽やかな感情や思考がわいてくるので、本当の意味で心がバランスされます。体にも、元気や活力がわいてきます。

けれども、ハートチャクラが閉じてしまっている人は多く、高次の世界と低次の世界の円滑なエネルギー循環が妨げられてしまっています。これが、心身の不調や不具合を招いているのです。

第1章で僕は、「本当の自分とズレてしまっていることが病気の根本的な原因」とお伝えしました。本当の自分とズレてしまうのは、ハートチャクラが閉じているから。だから、ハートチャクラを開いてチャクラの詰まりを取り除くことが大切なのです。

ハートチャクラを開くといいのは、病気の人だけではありません。**心身に特に不調はない健康な人も、「なんか私の人生、うまくいかないな」と感じている人も、ハートチャクラを活性化させると人生が劇的に変わっていくのです。**

この章では、ハートチャクラを活性化させる方法について、詳しく説明していきましょう。

「自分の本当の気持ち」をわかってる？

読者の中には「自分のハートチャクラがどんな状態なのかわからない」という人も

いるでしょう。ここでは、ハートチャクラが閉じている人の特徴をお伝えします。

ハートチャクラが閉じていると、人に対してオープンになれません。自分の思っていることを言ったり、自分の気持ちのままに振る舞ったりと、自分を素直に表現することができなくなります。

人と深くつながりたいけれど、自分が傷つくのが怖くて他人と深く関わることを避けたり、他人の好意や愛情を素直に受け取れなくなったりしている人が、現代人に増えています。こうした人たちも、ハートチャクラが閉じています。

自己肯定感の低い人や、大勢の中にいても自分だけが隔絶されているような孤独感を感じている人、「自分は愛されていない」と思っている人も、ハートチャクラが閉じています。

逆にいえば、ハートチャクラが開いてくると、周囲の人たちとのつながりを自然に感じられて、「**自分は愛されているんだ**」「**自分は愛される価値があるんだ**」ということを、当たり前のこととしてナチュラルに肯定できるようになるのです。

もう1つ、重要な特徴があります。それは、「自分の本当の気持ち」がわからない人。

ハートチャクラが閉じていると、自分自身とのつながりも薄れてしまうので、自分が本当は何を感じているかすら理解できなくなるのです。

つまり、「あなたは何をしたいですか?」「どうしたいですか?」という質問に答えられません。「あなたが本当に楽しいと思うことは何?」「あなたが好きなことは?」と聞かれても、答えがなかなか浮かんでこない。ハートで感じることがうまくできず、ハートで感じたことをしっかりキャッチできなくなっているのです。

これまで僕は大勢の人にカウンセリングを行ってきましたが、「**自分の本当の気持ちがわからないんです**」と言う人はとても多くいます。この本を読んでいるあなたも、そうではありませんか?

でも大丈夫。ハートを開いていくこと、ハートチャクラを活性化させていくことは、日常生活の中で誰でも簡単にできます。

次項からいろいろな方法を紹介するので、自分にできそうなこと、やってみたいと思ったことから生活に取り入れてみてください。

「かわいい！」でハートチャクラが活性化する

ハートチャクラを開くカギは、日々の生活の中で「愛おしい」「かわいい！」という愛や慈愛・慈悲の感情や、感謝や感動といった感覚をいかに感じるか、ということに尽きます。

ですから、愛や慈愛・慈悲、感謝・感動を自分にもたらしてくれるものを身近に揃えていくことが、ハートチャクラの活性化に効果的です。

簡単にいえば、自分が「本当に好きだな」「一緒にいたいな」と思える人と関わる。「本当に大好き！」と心から思えることをやる。「本当に心地いいな」と感じられる環境に身を置く。心が満たされることをやる機会を日常生活の中でどんどん増やしていくのです。これが、ハートチャクラの周波数を上げることにつながります。

具体的に何をやるかは、人それぞれでしょう。「マッサージをされると心まで癒される」という人ならマッサージを受けるのも方法の1つですし、「温泉に浸かっている時間が最高！」というなら温泉や銭湯に行ったり、自宅でバスタイムを満喫したりするのもいいですね。

僕の場合は、好きな友人と一緒に食事をすることです。そして、何を食べるかとか何を飲むかよりも、どんな人と一緒にいるかが大事。

心から大好きと思える大切な友人たちと、好きなものを食べて好きなお酒を飲みながら話したり笑ったりしているとき、最高に心が満たされます。


自分が「かわいいな」「愛おしいな」と感じるものを見たり触れたりすることも、ハートチャクラを開くのにとても効果的です。

赤ちゃんを見たり抱っこしたりしていると、「かわいい」という気持ちがわいてきて、自然と笑顔になりますよね。あの感情・感覚が、閉じていたハートチャクラを開いていくのです。

人との触れ合いに抵抗感がある場合は、ペットとの触れ合いでも、もちろんOKです。犬や猫をやさしくなでているだけで、ペットの愛らしいしぐさを見ているだけで、言葉を交わさなくても心が満たされ癒されていきます。

もっと手軽な方法をいえば、かわいい赤ちゃんや動物の動画や画像を見るだけでもハートチャクラは活性化します。無条件で愛おしいと感じるものに接し、自分の心が愛で満ちてくるような体験であれば、その対象はリアルでもバーチャルでも関係ないのです。

そのほか、**太陽の光を浴びることも有効です。**現在の太陽のエネルギーは、特にハートに働きかけるので、ハートチャクラが開くのを後押ししてくれます。

太陽からは、コード化された多様な周波数が、光に乗って地上へと降り注いでいます。深呼吸をしながら、その光線を自分のハートに深く取り込むつもりで日光を浴びましょう。

心に深い傷を負ったあなたを癒すワーク

ハートチャクラは、ハートを愛のエネルギーで満たすことによって活性化していきます。これは、愛を感じられる対象がなくても、1人きりでいるときでもできます。

ここでは、ハートを含めた、あなたという全存在を愛で満たすイメージワークをご紹介しましょう。

このワークは、自分の体が風船であると見立てて、無条件の愛のエネルギーを「ピンク色の輝いた光」としてイメージし、体の中にどんどん導き入れていきます。

実際にワークをやってみると、不思議と心や体がポカポカと温かくなってきたり、自分が満たされたりしていくのが感じられるでしょう。

「ハートを含めた、あなたという全存在を愛で満たすワーク」は、いつ行ってもOKです。朝起きたときや夜寝る前など、タイミングを決めて毎日実行するのもいいですし、寂しさや空虚感を感じたときや、人恋しくなったときに行うのも効果的です。


このワークを特におすすめしたいのは、「自分は愛されていない」と感じている人や、心に傷を負っている人です。過食や、アルコールや甘いものへの依存など、自分ではやめたいと思っているのにやめられないという依存の問題を抱えている人にも、おすすめします。

「私には愛してくれる人がいない」「愛情を注げるような対象がいない」と思っている人でも、自分で自分を愛で満たすことはできます。

このワークを続けていくと、本当に、空虚感や孤独感といった心の穴がふさがっていきます。すると、「あれ？　以前はあんなに甘いものをドカ食いしてたのに、最近そんなに食べてないな」といったことが起こります。

実は、依存の問題の根底には、自分の中に感じている不足感、空虚感があります。自分の中の満たされない感覚を、依存性のあるものにのめり込むことで満たそうとしているわけです。ですから、自分自身が愛で満たされるようになれば、依存的な行動も自然と治まっていきます。

「愛はすべてを変容させる」といいます。愛はすべてを包み込み、すべてを癒し、真実でないものを溶かしていきます。ですから、愛のエネルギーを自分に導き入れる練習をしていると、いろんな心の傷やトラウマが自然と癒されていきます。

ただし、心の傷を癒していくのは人によっては時間がかかるので、焦らないことがとても大事です。

心に深い傷を負った経験のある人は、同じ体験を二度とくり返したくないので、ハートを硬く閉ざしてブロックしています。けれども、「どんな自分であろうと、今のありのままの自分を丸ごと愛する」という無条件の愛のエネルギーで自分を満たすことをワークし続けていくうちに、心の傷は少しずつ癒されていきます。

そして傷が癒えたとき、ハートは簡単に開きます。なぜなら、僕たちのハートはもともとオープンだったから。心の傷について深掘りする必要はありません。

ただひたすら無条件の愛を自分に注ぎ、愛のエネルギーで自分を満たすワークを地道にコツコツ続けていくことが、心の傷を癒しハートチャクラを開いていく一番の早道なのです。

また、このワークを続けると、「愛」に意識の焦点が合うようになってきて、自分が周囲の人たちからやさしくされている、愛されている、実は愛されていたんだ、と気づくことも増えてきます。

僕たちは、他の人など自分の外に愛を求めがちですが、まずは自分で、自分自身を愛で満たすことが先。自分自身が満たされていると、それが外の現実にも反映されるようになるのです。

ハートを含めた、あなたという全存在を愛で満たすワーク

①手のひらを上にして座り、軽く目を閉じ、軽くあごを引き、背筋を自然に伸ばします。自分の体が、自分の形をした風船になっているのをイメージしてください。風船の空気口は頭のてっぺんにあり、最初は中の空気が全部抜けた状態で、ぺちゃんこになっている様子を視覚化し、まずは息を全部吐き切ります。

②次に、ゆっくりと息を吸いながら、頭のてっぺんにある空気口に向かって、宇宙から「100%純粋な愛のエネルギー」がひと筋の光線のように降りて来るのをイメージしてください。愛のエネルギーは、キラキラと輝くピンク色の光をイメージするといいでしょう。

③深呼吸をするたびに、ピンク色の愛のエネルギーが自分の体の中に流れ込み、風船がムクムクと膨らんでいきます。両足の指先からふくらはぎ、太もも、お尻、お腹、腰、胸、背中、両肩、両腕、両手の先、首、そして頭のてっぺんまで、愛のエネルギーが自分の体の形をした風船の中にどんどん満ちてくるのを感じてください。

④頭のてっぺんまで愛のエネルギーが満タンになったら、今度はその光をさらにハー

ト（胸の真ん中）に、どんどん引き入れていきます。ハートはスポンジのように愛を吸収するので、なかなか一杯になりません。ハートに意識を向け、深呼吸を続けながら、ハートをピンク色の愛の光で満たしていきましょう。

⑤風船がパンパンに膨らみ、ハートも愛の光で満タンになったら、今度は愛のエネルギーを体の外まで広げていきます。体の周りを取り巻くオーラと呼ばれる意識場まで、愛のエネルギーが満たしていく様子をイメージしてください。

⑥体も心も愛のエネルギーで満たされたら、最後に頭のてっぺんにある空気口をキュッと縛ります。このとき、イメージするだけでなく、実際に手を頭の上に持っていき縛る動作を行います。最後に大きく1回深呼吸をして、終了です。

ローズクォーツが周波数を上げる

ハートを開き、ハートチャクラの周波数を上げていくのに役立つツールがあります。その代表的なものが、ローズクォーツです。

ローズクォーツとは、クリスタル（水晶）の変種で、薄いピンク色をしたパワース

ハートを含めた、あなたという全存在を愛で満たすワーク

1

手のひらを上にして座り、軽く目を閉じ、軽くあごを引き、背筋を自然に伸ばす。自分の体が、自分の形をした風船になっているのをイメージする。風船の空気口は頭のてっぺんにあり、最初は中の空気が全部抜けた状態で、ぺちゃんこになっている様子を視覚化し、まずは息を全部吐き切る。

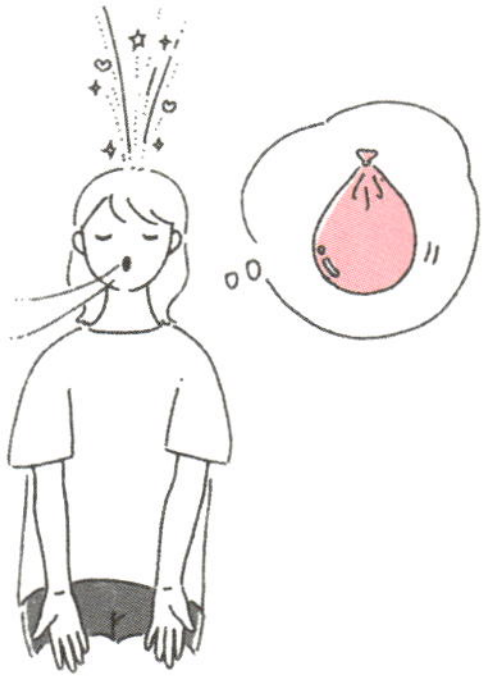

2

ゆっくりと息を吸いながら、頭のてっぺんにある空気口に向かって、宇宙から「100％純粋な愛のエネルギー」がひと筋の光線のように降りて来るのをイメージする。愛のエネルギーは、キラキラと輝くピンク色の光をイメージ。

3

深呼吸をするたびに、ピンク色の愛のエネルギーが自分の体の中に流れ込み、風船がムクムクと膨らんでいく。両足の指先からふくらはぎ、太もも、お尻、お腹、腰、胸、背中、両肩、両腕、両手の先、首、そして頭のてっぺんまで、愛のエネルギーが自分の体の形をした風船の中にどんどん満ちてくるのを感じる。

4

頭のてっぺんまで愛のエネルギーが満タンになったら、今度はその光をさらにハート（胸の真ん中）に、どんどん引き入れていく。ハートはスポンジのように愛を吸収するので、なかなか一杯にならない。ハートに意識を向け、深呼吸を続けながら、ハートをピンク色の愛の光で満たす。

5

風船がパンパンに膨らみ、ハートも愛の光で満タンになったら、今度は愛のエネルギーを体の外まで広げていく。体の周りを取り巻くオーラと呼ばれる意識場まで、愛のエネルギーが満たしていく様子をイメージする。

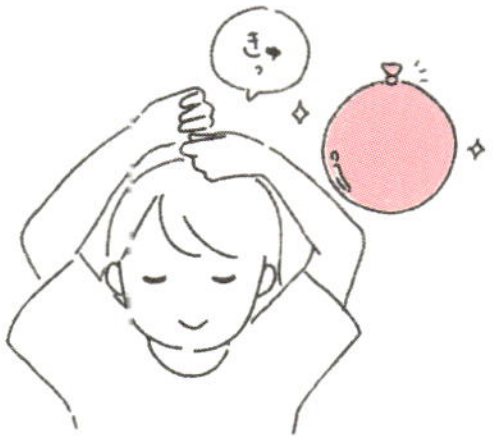

6

体も心も愛のエネルギーで満たされたら、最後に頭のてっぺんにある空気口をキュッと縛る。このとき、イメージするだけでなく、実際に手を頭の上に持っていき縛る動作を行う。最後に大きく１回深呼吸をして、終了。

トーン。ハートチャクラを整え、愛情や受容性（あるがままの自分を受け入れ、他人を許すこと）を高める作用や、心の傷を癒し、やさしく包み込んでくれる働きがあります。うつの解消にも効果が期待できるといわれています。

ローズクォーツの使い方は、ペンダントとして身に着けるのが簡単で効果的です。

ローズクォーツがハートの位置にくるように、ペンダントを着けます。

ローズクォーツのエネルギーを、ハートから吸収するようイメージします。ピンク色をした愛のエネルギーが、ハートに浸透していくのを思い浮かべてもいいでしょう。

たとえローズクォーツの効果を信じていなくても、石はちゃんと働いてくれます。お守り代わりに、いつもペンダントを身に着けておくのがおすすめです。

仕事の都合などで、ペンダントを常に身に着けるのが難しい場合は、ローズクォーツのタンブル（手のひらに収まるほどの大きさの、コロンとした丸いタイプの石）が便利です。そのままポケットに入れたり、小さな袋に入れたりして携帯します。

ローズクォーツのタンブルは、ただ持ち歩くだけでも構いませんが、それを使った

ローズクォーツのタンブルを手で握った状態で胸の真ん中に当てて、そのタンブルを通じてハートから呼吸するイメージをする。ネガティブな感情をクリアリングでき、それによりハートチャクラが開いて直感が冴える

簡単なワークを紹介しておきましょう。

タンブルを手で握った状態で胸の真ん中に当てて、そのタンブルを通じてハートから呼吸するイメージをします。

このワークは、仕事の休憩時間などに行うのがおすすめです。ローズクォーツを通して、自分の中から浮上したネガティブな感情をクリアリングでき、それによりハートチャクラが開いて直感が冴《さ》えてきます。

ローズクォーツはネガティブなエネルギーを吸収してくれるので、使ううちに色がくすんでくることがあります。

その場合は、流水で浄化してください。水道水で構いません。

光の滝のような流水によって、石の中に溜まった不浄なエネルギーが全部取り除かれるとイメージします。その際、「輝きのあるピンク色に戻っていく。色がきれいになった」とイメージすれば、たとえ色が元に戻らなくても、ネガティブなエネルギーはすべて洗い流されます。

流水で浄化したあとのローズクォーツは、柔らかい布などで軽く拭き、風にさらして乾かします。

このほか、バラの花から抽出した精油（エッセンシャルオイル）も、ローズクォーツと同様、ハートチャクラの周波数を上げる効果があります。ローズの精油は、ちょっと高価ですが、100%植物由来の純粋な天然精油を選んでください。

使い方は、ローズの精油を1滴、ハートの真ん中に塗ります。その際、手についた香りも嗅ぎながら、香りがハート全体に行き渡るよう、深呼吸します。すると、ハートがオープンになっていきます。

ハートが開き始めたら自分を甘やかそう

ハートチャクラは、基本的には1回開いたらオープンの状態を維持します。ただし、ハートチャクラが開き始めた最初の頃は、些細なことで傷つきやすくなるというリスクがあるので、注意が必要です。

ハートチャクラが閉じていたときは、それが一種のバリアとなり、他人の悪意や嫉妬などのネガティブなエネルギーを弾き返したり、あるいは感じないようにしていました。

ハートが開き始めると、感性も開いてくるので、いろいろなものをキャッチしやすくなります。その分、さまざまなエネルギーにさらされるので、傷つきやすくなったり気持ちが不安定になったりすることがあります。

けれども、そうしたプロセスを乗り越えたあとは、ハートチャクラの状態が安定するので、心配は要りません。

ハートが不安定な時期に大事なのは、とにかく徹底的に自分を甘やかしてあげること。自分をとことん大事にしてあげるのです。「それでいいんだよ」と大目に見てあげる。

プライベートの時間には、自分が好きなこと、心地よいこと、リラックスできることを楽しむ時間をたっぷり取りましょう。100ページで紹介した、ハートを含めた、あなたという全存在を愛で満たすワークも忘れずに。このワークは、ハートを癒す効果もあります。

「ハートチャクラが開いているはずなのに、どうしてこんなに寂しい思いをするの？」などと戦ったりするのではなく、そのプロセスをやさしく見守ってあげる。そうした意識でいることが大切です。

人と深く関わりたいけれど自分が傷つくのが怖くてハートを閉じていた人にとっては、ハートが開きかけた不安定な時期に、自分の苦手な人や自分とは合わない人と接するのは、かなり怖いかもしれません。それでも、仕事上の付き合いなどで一緒に食事をしなければいけないような機会ってありますよね。

そんなときに役に立つ方法をお伝えします。**イメージの中で、一緒にいるのが嫌な**

人との間に1枚、透明のスクリーンを置くのです。それだけのことで、全然違います。嫌な人と密な距離感で一緒にいたとしても、ネガティブな影響を受けることが少なくなるのです。

ハートが開き、ハートチャクラの状態が安定していけば、イメージのスクリーンでブロックする必要もなくなっていきます。なぜなら、ハートチャクラが開いていくと、自分の本質とのつながりが良好になると同時に、相手の本質とのつながりのほうに意識が向くようになるからです。

僕たちは誰もが、その本質は愛に満ちた光です。相手の本質に自分の意識のチャンネルが合うようになると、その人の性格や人柄、言動といった表面的な部分ではなく、本質的な部分でコミュニケーションが取れるようになります。すると、自分にとって嫌な人、苦手な人はいなくなる。他人から傷つけられることもなくなります。

だから、心配しなくても大丈夫。温かくやさしい気持ちで、ハートが開いていくのを見守ってあげてください。

もっと感動のある人生に変化する！

この章のまとめとして、ハートチャクラが活性化すると人生にどんな変化が起きるのかをお伝えしましょう。

まず、自己肯定感が上がります。ハートチャクラが活性化すると、自分の本質が愛であることを思い出すからです。

価値のない人、愛され認められていない人なんて誰一人としていない、もちろん自分もそうだということが本当の意味で理解できるので、ありのままの自分をかけがえのない存在として素直に肯定できるようになります。

すると、他人から傷つけられることはなくなります。

例えば、誰かから「あなたなんか嫌い」と言われたとしても、「え？ 照れてるんでしょ」と思う。自分が嫌われるわけがない、「みんな私のことを好きでしょ？」という意識になるのです。

他人から「あなたはダメだ」などと自分を否定するようなことを言われたとして

も、気持ちが揺らぎません。自分はダメではないことが、自分でよくわかっているからです。

対人関係も変わっていきます。無条件の愛がナチュラルな感覚になると、他人を批判したり、非難したり、ジャッジしたりすることがなくなります。そして、ありのままを受け入れる意識になり、無条件の愛を周囲に与えることができるようになるので、人間関係が良好になっていくのです。

また、ハートチャクラが活性化し、自分自身が100％の愛で満たされていると、どんなときでも安定感や幸福感、深く静かな喜びを感じられるようになります。1人でいても、孤独感や寂しさを感じることがなくなります。

なぜなら、「つながっている」という感覚があるからです。ハートチャクラが開いていくと、自分の意識が拡大していき、みんなとつながっている、という感覚がわいてきます。すべての人が家族のように感じられたり、人間だけではなく、植物界や動物界、地球や宇宙ともつながっているのを感じられる。スピリチュアルの世界でいう「ワンネス」という感覚です。そうなると、寂しいという発想自体がありません。

そして、これまでとは比べものにならないくらい、人生が感動にあふれたものになります。ハートチャクラは、あらゆるものを感じ取る感性そのものだからです。

すべてとつながりながら愛と調和で生き、自分の本質ともしっかりつながって、感動と喜び、感謝に満ちた自分らしい人生を創造していけるようになります。だからこそ、ハートチャクラを活性化させることは、とても大事なのです。

第4章

自然はパワフルなヒーラー

最近、疲れやすくなっていない？

最近、なんだか疲れやすい。睡眠をたっぷり取ってゆっくり休んでも、なかなか疲れが抜けない。行動する気力がわかない。いつも頭がぼんやりしている。すぐに集中力が途切れてしまい、仕事や作業を長時間続けられない……。そんな状態になっていませんか？

あなたが疲れやすくなっている原因は、もしかすると自然との触れ合いが不足していたり、地球とのつながりが途切れたりしているせいかもしれません。

健康を害する原因として、ハートチャクラの状態と同じくらい重要なのが、地球とのコネクション（つながり）です。

地球は、ガイアと呼ばれる女性性のエネルギーを備えた大いなる生命体です。母なる地球のエネルギーとつながり、また宇宙の大いなるエネルギーともつながって、宇宙と自分と地球との間でダイナミックなエネルギーの循環が起きていれば、僕たちは常にエネルギーに満ちあふれ、疲れることなどありません。宇宙や大地から、絶えることなくエネルギーが供給されるからです。

僕たちは、ハートチャクラが開いて活性化することで高次の宇宙のエネルギーとつながり、地球とのコネクションが強固になることで地球のエネルギーとつながることができます。

疲れるというのは、簡単にいえばエネルギーが滞り、枯渇しているサイン。地球とのコネクションが切断されていると、すぐに疲れてしまう、持久力や集中力がなくなるといった症状が現れます。

また、地球とのコネクションが切断されていると、文字通り「地に足の着いていない」状態になってしまいます。自信が持てない、なんとなくフワフワして落ち着かない、気持ちが不安定になる、その場の状況や感情に振り回されてしまうという人は、地球とのコネクションが途切れている可能性があります。

どうでしょう。あなたに思い当たる節はありますか？

この章では、地球とのコネクションを取り戻す方法と、地球や自然からエネルギーを受け取る方法についてお伝えします。

地球とのコネクションを取り戻して！

山や森、海、川、湖、滝など自然の環境に身を置くと、気分がスッキリして心が解放される感じや、気持ちが安らぎ、心も体も元気を取り戻して生き生きとしてくる感じ、体がのびのびと自由に動く感じがするでしょう。

自然は、僕たちが思っている以上に偉大なヒーラーです。

自然の空間や太陽の光には、「プラーナ」と呼ばれる生命エネルギーがあふれています。また、自然の中に身を置き、自然に親しむ時間を持つことは、そのまま、大いなる地球のエネルギーに同調し、そのエネルギーを吸収することにつながります。

さらに、自然には、知らず知らずのうちに自分の中に蓄積したネガティブな感情や思考のエネルギーをクリアに浄化して、感情のバランスを整えるパワーがあります。

僕たち人間も自然の一部であり、地球の一員です。家やオフィスにこもりっぱなしだったり、昼夜逆転の生活を送っていたりして自然と切り離されてしまうと、心身ともに疲れやすくなったり、気持ちが鬱々としてきたりして、調子を崩します。

だから、定期的に自然と触れ合う時間を作っていただきたいし、調子が悪いときこそ自然に触れることが大事なのです。定期的に自然の中に入るようにすると、しっかりエネルギーがチャージされて、体調のよさをキープできます。


では、どんな場所で自然に親しむ時間を持てばよいのか。都会で暮らしていると自然と触れ合う場所は少ないと思われがちですが、近くの公園や庭園、河川敷など、人工的に整備された環境でも充分、自然との触れ合いを持つことができます。

その場所があなたと波長の合う場所かどうかを見極めるには、自分の感覚や直感を信頼すること。あなたがその場所で、「気持ちがいいな」「心地いいな」と感じられ、心や体がスッキリ軽やかになれるかどうかがポイントです。

その人の好みや、そのときの状態によって、自分に合う自然環境は違ってきます。

「海は苦手だけど山や森は好き」という人もいれば、「水辺に行くと気持ちが落ち着くから好き」という人もいます。自分のフィーリングに合う、お気に入りの自然スポットを近場に見つけておくといいですね。

自然の中で過ごすときに何よりも大事なのは、あなた自身がリラックスすること。ヒーリングというのは、リラックスしているときに起こります。マッサージを受けるとき、リラックスしていないと効果が出にくいですよね。それと同じです。

自分が心地よいと感じる自然の中に身を置けば、自ずと心身の緊張がほぐれてリラックスしますから、リラックスするために頑張る必要はありません。難しいことを考えず、目の前の自然を心と体で思い切り味わいましょう。

心地よい風を感じる。清々しい空気を胸いっぱいに吸い込む。自然の風景をぼんやりと眺める。歩きたければ歩けばいいし、気持ちのいい場所で座っていても、寝転んでもいい。海や川に入ってみたいと思えば、裸足になって波打ち際や川辺で、素足や手を水に浸してみてもいい。自分が好きなように、心地よいように過ごしてみてください。

日本人は、何もせずに過ごすことが苦手な人が多いように感じます。例えば旅行に出ても、欧米人はホテルから出ず、のんびり過ごすことも多いようです。しかし、僕たち日本人は、「せっかく旅行で来たんだからもったいない。あそこに行きたい、ここも見たい」と欲張ってしまい、スケジュールを詰め込みがちです。急ぎ足でたくさんの観光スポットを巡り、ぐったり疲れて旅行から帰ることになります。

でも、**自然の中にいるときこそ、何もしない贅沢な時間の使い方を楽しんでもらいたいと思います。**普段とは違うのんびりとした時間を過ごすこと自体が、最高のリフレッシュになるからです。

この章では、自然との触れ合い方や自然の中での過ごし方をいろいろと提案していますが、その中で自分がいいなと感じたこと、やってみたいことがあればやればいいし、ワークをするのは面倒だな、気が乗らないなと思えば、やらないほうがいい。

くれぐれも、あなた自身が心地よくリラックスした状態でいられることを最優先してくださいね。

ガーデニングは最高の癒し

日常生活の中で、手軽に自然と触れ合う方法としておすすめしたいのが、土に触れること。家庭菜園やガーデニングはもちろん、マンション住まいだったら小さな鉢植えの世話をしたり、ベランダにプランターを置いて花や植物を育てたりしてもいいですね。陶芸で土をこねたりするのも、土と触れ合う方法の1つです。

裸足になって、芝生や草むら、砂浜の上に立ったり歩いたりすることも、土と触れ合う効果的な方法です。


土との触れ合いを持つと、どんなことが起こるのか。まず、感情のバランスが整ってきます。土をいじっていると、土の中にネガティブな感情が吸い込まれていき、心が落ち着いていくのです。

また、土を触ったり、裸足で大地の上に立ったり歩いたりしていると、自分のエネルギー（気）を地に降ろすことができます。これを「アーシング」といいます。

頭であれこれと考え過ぎたり、忙しくてテンパっていたりすると、何となくフワフワして落ち着かず、心ここにあらずみたいな状態になりますよね。これが、頭に気が上っている状態。

アーシングができると、このフワフワした感じが落ち着いて、なんか安定したな、と感じられるようになります。「地に足の着いた感覚を取り戻す」と言い換えることもできます。

アーシングが定着し、その状態が一歩進んでいくと、地球とのつながりが強固なものになっていきます。これを「グラウンディング」といいます。例えるならば、大木が大地にしっかりと根を下ろしたような状態。どっしりとした安定感や安心感が出てきて、物事に動じなくなります。

しかも、地球の大きなエネルギーが自分の後ろ盾になるので、とてもエネルギッシュでパワフルになります。元気になるし、疲れにくくなる。自然治癒力など、もともと体に備わっている「健康になる力」も上がっていきます。

土との触れ合いでいうと、「大地の上であお向けになる」というのも、とてもパワフルなヒーリングになります。

「責任を背負う」という言葉があるように、**実際にネガティブなエネルギーは体の中でも背中、特に脊柱《せきちゅう》に溜まる傾向があります。**デジタルな生活に疲れたときや、仕事でストレスや緊張が続いたとき、ネガティブな思考や感情からなかなか抜け出せないとき、人間関係で疲れ果てたりしているときは、首から背中にかけてズーンと重い感じがするものです。

そんなときは、大地の上であお向けに寝転んでみましょう。大地といっても、自然の土の上でなくても大丈夫。公園の芝生や河原の草むらなど手近なところで、安全に気持ちよく寝転べる地面で充分です。

まず、大地の上であお向けになり、足は靴を脱いで裸足になって、両ひざを立てて足の裏を地面につけます。自分の中に充満しているネガティブな思考や感情、ストレスや緊張、疲労などを、真っ黒やダークグレーの煙としてイメージします。

そして息を吐くと同時に、その黒い煙が背中から地球の中心へと吸い込まれていく様子をイメージしてください。

次に、息を吸うと同時に、今度は地球の中心から真っ白でピュアな光が上がってき

大地での浄化ワーク

1 大地の上であお向けになり、両ひざを立てて足の裏を地面につける。自分の中に充満しているネガティブな思考や感情、ストレスや緊張、疲労などを、真っ黒やダークグレーの煙としてイメージする。

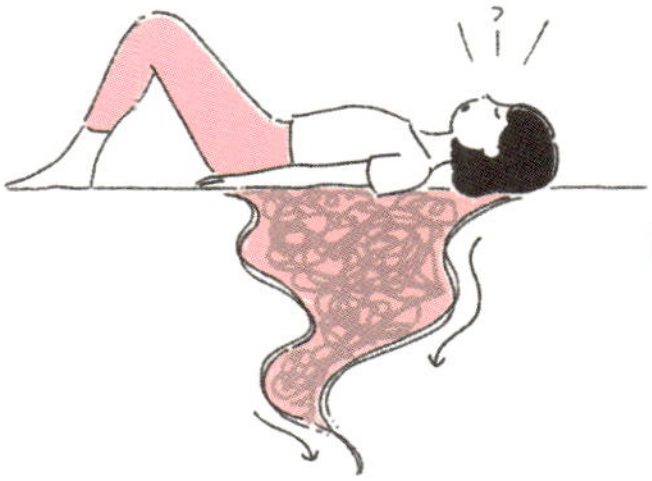

2 息を吐くと同時に、その黒い煙が背中から地球の中心へと吸い込まれていく様子をイメージする。

3 息を吸うと同時に、今度は地球の中心から真っ白でピュアな光が上がってきて、背中から体の中に入り、体中に満たされていくのをイメージする。

この呼吸とイメージを何回かくり返していると、ネガティブな感情が解放され、心や体が軽くなるのを感じられる。「もう大丈夫」と思ったら、地球に「ありがとう」と言ってワークは終了。

て、背中から体の中に入り、体中に満たされていくのをイメージします。

この呼吸とイメージを何回かくり返していると、ネガティブな感情から解放され、心や体が軽くなるのを感じられるでしょう。「もう大丈夫」と思ったら、地球に「ありがとう」とお礼を言ってワークは終了です。

これは、自分に溜まったネガティブなエネルギーを、地球のパワフルなエネルギーで浄化するワーク。もっと簡略化して、大地にあお向けに寝転びながら、背中から地球へと、自分の中のネガティブなエネルギーが黒い煙となって吸い込まれていく様子をイメージするだけでも、気分がスッキリして元気がわいてきます。

このように自然との交流によって、僕たちはいつでも地球の大きなエネルギーを受け取ることができます。自然に対する敬意と感謝の気持ちを常に持ちながら、交流を楽しんでください。

「今の私に必要なことは？」と木に問いかけよう

植物や動物など地球に息づく生命も、僕たちにエネルギーや癒しを与えてくれます。特に、何百年も地球で生きてきた大木は、地球の中心にまでエネルギーの根を下ろしていて、多くの情報と癒しの力を持っています。

森や公園など樹木の多い場所に行ったときは、樹木とエネルギーの交流を行うのも、元気を取り戻すいい方法です。

ただし、エネルギーをもらおうと樹木に抱きついたり、手で直接ベタベタ触ったりするのは、おすすめできません。僕たちの手や体についている雑菌が、木に悪影響を及ぼしてしまう恐れもあるからです。

そして何より、樹木に対して失礼です。もし自分が木だったら、どうでしょう？いきなり見ず知らずの他人から抱きつかれたり、いろんな人から体中をベタベタ触られたりしたら、不快ですよね。自然に対しても、礼儀と思いやりは必要です。

樹木と触れ合いを持ちたい場合は、その場で、まず「私の疲れを取り除いてくれる木はありますか?」と心の中で聞いてみます。

すると、光っている木が見えたり、なぜか気になってつい目を向けてしまう木が現れたりと、向こうから呼んでくれる木が出てきます。

その木のそばに行くとなんとなく温かく感じたり、気持ちがホッとしたり、呼吸がしやすい感じがしたりするのも、ウエルカムのサインです。反対に、冷たい感じや反発する感じ、近寄りがたさを感じたら、それはNOのサインです。

そうして歓迎してくれる樹木を見つけたら、その木のそばに佇んでゆっくりと呼吸をしているだけで、ネガティブな感情が洗い流されていきます。触ったり抱きついたりしなくても、近くにいるだけで樹木からエネルギーを受け取ることができ、浄化やヒーリングが起こるのです。

樹木に触れたいときは、まず「触れてもいいですか?」と問いかけて、どんな反応が返ってくるか、深呼吸をしながら心を静めて待ちます。なんとなくいい感じや温かい感じがしたり、スッキリして息が深く吸えたりするような感じがしたら、それは樹木からのＯＫのサイン。自分の感覚を信頼してください。

ＯＫが出たら、木から少し離れたところで、手のひらを木にかざすといいでしょう。

僕たちの手はとても鋭敏なセンサーで、直接触れなくてもエネルギーの交流ができます。人体と同じように木からもオーラが発せられており、少し離れていても、手でそのエネルギーを感じ取れるのです。交流が終わったら、樹木に「ありがとう」とお礼を伝えることも忘れないでくださいね。

樹木と対話をしてみるのも、おすすめです。樹木は深い叡智《えいち》を持った存在であり、同時に世界中の樹木たちとネットワークでつながり、活発な情報交換も行っています。「今の私に必要なことを教えて」「どう行動すればいいのか教えて」などと木に問いかけてみると、インスピレーションの形で、今必要なことを教えてくれます。

もちろん、何もせずに、自分が心地よく感じる樹木をただ眺めたり、しばらく木のそばでボーッと過ごしたりするだけでも充分です。

神社でご神木とされている木や鎮守の森の木々、地域の名所になっているような巨木・老木は、やはりパワフルです。でも、そのパワーやエネルギーは、同じ場所にいるだけで受け取ることができます。

立ち入りOKの場合でもむやみに木に抱きついたり触ったりせず、手をかざすだけにとどめておきましょう。

ネガティブな感情や過去を海に流す

海や川、湖、滝など水辺の自然に身を置くことも、とてもパワフルなヒーリングです。

水にまつわる場所にパワースポットが多いのには、理由があります。水は、宇宙にあまねく存在します。僕たちの体も約60〜70%が水でできていますし、空気中にも大地にも水があります。

さらに宇宙では、水はプラズマの形で存在しています。45億年前から地球に存在し、空から大地、川、海と地球を循環し続けてきた水には宇宙のあらゆる知恵と叡智と情報が含まれているのです。

また、水にはエネルギーを蓄える性質があり、エネルギーとエネルギーをつなぐ橋渡し役としても働きます。

僕たちが神棚や仏壇、墓前に水をお供えするのは、水が、自分の思いを神様や仏様、ご先祖に届けるための媒介になってくれるから。

高い波動のエネルギーに満ちた水が豊富で、その水のエネルギーを受け取れるような場所が、古来から人々の間でパワースポットとして大切にされてきたのです。


思い悩んでいるときや人生でつらい思いをしたとき、海や川をボーッと眺めながら過ごしていると、それだけで不思議と気持ちが癒された経験のある人は少なくないでしょう。水辺の自然には、ネガティブな思考や感情を洗い流す浄化作用があります。

水辺の自然に行ったときにおすすめしたいのが、「自分の中にあるネガティブな感情や過去を水に流す」自然とのコラボワークです。やり方を簡単にご説明しましょう。

海辺でのワーク

海の場合は、裸足になって浅瀬の波打ち際に立ちます。自分の中に充満しているネガティブな思考や感情、ストレスや緊張、疲労などを、真っ黒やダークグレーの煙としてイメージします。そして波が引いていくとき、その真っ黒な煙でイメージしたネガティブなエネルギーが、足の裏から抜けていき、波とともに洗い流されていくのをイメージします。

波が満ちてきたときは、押し寄せる波とともに真っ白でピュアな光が足の裏から入ってくるのをイメージします。これを、自分が満足するまでくり返します。

川や湖でのワーク

ほとりまで近づいても安全な川や湖などの場合は、水に手を浸して「過去を水に流すワーク」をやってみましょう。

まず、両手の手のひらで水をすくうときのようにお椀を作り、そこにネガティブな過去の記憶が1つずつ集まってくるのをイメージします。例えば、子どもの頃にお母さんとケンカしているシーンや、小学生のときにクラスでいじめられた記憶のシーン

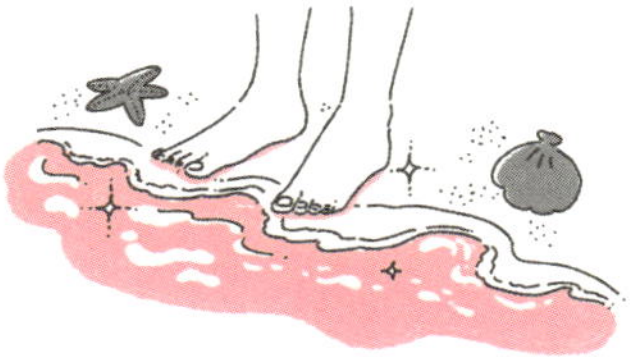

海辺でのワーク

裸足になって浅瀬の波打ち際に立つ。自分の中に充満しているネガティブな思考や感情を、真っ黒やダークグレーの煙としてイメージする。そして波が引いていくとき、その真っ黒な煙でイメージしたネガティブなエネルギーが、足の裏から抜けていき、波とともに洗い流されていくのをイメージする。波が満ちてきたときは、押し寄せる波とともに真っ白でピュアな光が足の裏から入ってくるのをイメージする。

川や湖でのワーク
～過去を水に流すワーク～

両手の手のひらでお椀を作り、そこにネガティブな過去の記憶が１つずつ集まってくるのをイメージする。ネガティブな過去の記憶がたくさん集まったら、両手を川の中に入れて、それらを水に流す。川の流れに乗って流されていき、遠くへ消えていくのを確認したら、最後に大きく深呼吸をして、ワークは終了。

などがスーッと手のひらの上に集まってきて、どんどん重なってきます。
ネガティブな過去の記憶が自分の中ではっきりしていなかったり、具体的な出来事やシーンが思い浮かばなかったりしても大丈夫です。その場合は、「私の可能性を限定している過去の記憶が、この手のひらの上に集まってくる」と意図します。

両手の手のひらの上にネガティブな過去の記憶がたくさん集まったら、両手を川の中に入れて、それらを水に流します。川の流れに乗って流されていき、遠くへ消えていくのを確認したら、最後に大きく深呼吸をして、ワークは終了です。

ネガティブな過去の記憶の代わりに、「今感じていて、どうにも手放せない思い」を同じように両手の手のひらの上に集めて、水に流すのもいいでしょう。やってみると「あ、なんだか心がすごく軽くなったな」と感じられます。

新しい地球を生きる僕たちにとって本当に必要で重要なことは、過去を水に流すこと。過去というのは、今存在するものではなく単なる記憶、さまざまな感情を伴った記憶に過ぎません。過去に囚われていればいるほど、未来の可能性が狭まってしまいます。

あんな自分だったから、今はこんな自分で、未来もそんな自分にならざるを得ないだろう。過去の人生がこうだったから、将来はこれくらいできるんじゃないか。

過去があって現在の自分があり、それを元に未来が作られると考えると、こんな風に、非常に制限された狭い範囲でしか未来像を思い描けなくなってしまいます。

でも本当のところ、過去・現在・未来はつながっていません。過去は過去、現在は現在、未来は未来。

過去はもう過ぎ去ったので、今ここにはありません。未来はまだやって来ていないので、これもありません。

確実に存在するのは、現在だけ。すべての可能性を選択できるのは、現在だけです。

過去がどうであろうと関係なく、あなたは一瞬ごとに「新しいあなた」であり、そのたびごとに選択することで、まったく違うあなたになることができます。それほどまでに僕たちは自由で可能性に満ちた存在なのです。

だから、過去を水に流すことが必要なのです。過去と現在の自分が切り離されると、今この瞬間に、ゼロベースで自分が望む未来を望みたいだけ自由に望んで、自分の可能性を最大限に開くことができるのです。

過去がこうだったから、という足かせがもうないので「これからどうする?」「どこへ行く?」という感じで、ワクワクしながら自由自在に自分の行き先を決める柔軟性を持つことができます。すると、未来の可能性の扉が無限に開いていく。そして自分の未来をより明るいものへ、よりよいものへ、自分が最高だと感じられるものへと開いていける可能性が広がっていきます。

水辺で行う「過去を水に流すワーク」は、実際に手で水の冷たさや水の流れをリアルに体感しながら水に流す行為なので、何もないところでイメージだけで行うよりも、はるかに効果的です。

過去に縛られているなと感じる人や、許せない思いや執着、悲しみ、怒り、後悔、被害者意識、無力感といったネガティブな感情を伴う過去の出来事の記憶を抱えている人は、このワークをやってみるとよいでしょう。

ちなみに、同じ水辺でも滝には、鬱屈《うっくつ》している感情を弾き飛ばして解放するエネルギーがあります。滝の場合は、その近くに行くだけ、滝の流れる様子を眺めているだけでも充分、心が解放されて気持ちがスッキリします。

都内なら高尾山がおすすめ！

自然との交流や癒しを求めて、山に行くのもいいですね。山といっても、わざわざ遠くの高く険しい山に行ったり、本格的な登山をしたりしなくても大丈夫。

思い立ったとき気軽に行ける山で、景色がよくて空気がおいしくて、その場所にいると自分が心地よい、リフレッシュすると感じられるような山がいいでしょう。

東京都内なら、高尾山がおすすめです。僕も実際ときどき訪れていますが、国内でも有数のパワースポットだと感じます。

僕が高尾山をおすすめする理由は、第一に、都内から1時間くらいで行けてアクセスがよいこと。標高599メートルと低めの山で、ケーブルカーやリフトが整備されていて、山歩きをしなくても自然を楽しめる点も、運動嫌いな僕にとってはお気に入りの理由です。

気軽に登れる山なのに豊かな自然が残っているのも、高尾山の魅力。高尾山とその周辺には、高等植物だけでも153科1300種、全部で1600種類以上もの植物が生育しています。これは、イギリス全土に自生する植物の種類数に匹敵するそうです。

あなたが住む地域にも、車や電車、バスなどで気軽に行けて、ほどほどの高さの低山があると思います。休日、自然の中でのんびりしたいときは、サクッと日帰りできる近場の山や高原に行ってみるのもいいですね。

では、山に行ったら何をすればいいのか。何もしなくてもいいんです。

登山やハイキングが好きな人は、山道を歩けばいいでしょう。しかし、それもやりたくなければ、しなくていい。

「せっかく山に来たんだから山頂まで行かないと」と、頑張る必要もないのです。舗装《ほそう》されていない山道や山の奥まで入っていかないと自然のエネルギーに触れられないわけではありません。山に行き、その空間に身を置けば、周囲は自然が取り巻いているので、そのエネルギーを存分に受け取ることができます。

山に行ってやることは、何もせずに、あるいは自分の好きなことをして、気持ちのよいリラックスした時間を過ごすこと。僕の場合は、ワインやお酒とちょっとした食べ物を持参して、眺めのよい場所で軽く飲みながらのんびり過ごします。

ちょっと山歩きをして、疲れたら適当な場所でひと休みをして、そろそろ帰ろうか、という感じで目的を決めずに気ままに過ごすのもいいですね。山のお茶屋さんでお昼ごはんを食べたり、おにぎりを持参して山で食べたりするのを楽しみに出かけるのもいいでしょう。

「自然に囲まれて気持ちがいいな」というリラックスした時間を持つことが山に行く目的なので、何もしなくても、何をしてもいいのです。

ただし、山に行く時間帯には注意しましょう。山によっては、夜になるとエネルギーの性質がガラッと変わってしまうところもあるからです。

山にいる時間帯は、午前中から午後3時くらいまでがおすすめです。夕日を見たいときは、夕日が落ちきるまで山にいるのではなく、まだ周囲が明るいうちに帰る準備をするのがいいでしょう。

これは、神社参拝についても同じことがいえます。山や神社を訪れるときは、太陽が出ている時間帯のうちに行って帰るのが無難です。

グラウンディングで絶対的な安定感を得る

僕はセミナーや著書などで、たびたびグラウンディングの大切さをお伝えしています。グラウンディングとは、119ページでも紹介した通り、地に足を着け、地球としっかりとつながること。

グラウンディングをしていると、絶対的な安定感や安心感、物事に動じず、自分軸からブレないあり方が自分の中にできている状態になります。

これは、自分の本質と深くつながるうえでも、心身ともに元気で健康に生きていくうえでも、自分が望む未来を創造して最高の人生を送るうえでも、すべてにおいて土台となります。

裸足で大地に立つことでもグラウンディングは起こりますが、ワークを行うと、より効果的です。ここでは基本のグラウンディング・ワークのやり方をご紹介します。

このワークは、最初のうちは1日2~3回を目安に実行するとよいでしょう。慣れると短時間でできるようになりますし、デスクワークの合間など、いつでもどこでもできます。

特におすすめのタイミングは、朝、起きたとき。僕たちは寝ている間、意識が肉体から離れています。

目が覚めたとき、意識が肉体にしっかり戻っていないとボーッとしたままですが、そのときにグラウンディングを行うと自分自身や地球とのつながりが強固になり、目覚めがよくなります。

また、精神的なショックを受けたり、地震が起きたりすると、地球とのコネクションが外れることもあります。考えがまとまらない、集中できない、イライラ、そわそわしてきて落ち着かないときは、地球とのコネクションが甘くなっているサインです。

そんなときはグラウンディングのワークをして、地球とコネクションし直しましょう。

グラウンディングを続けていると、地球とつながっている感覚を当たり前のように感じられるだけではなく、直感力も増してきます。なぜなら、土台がしっかりすることで、アンテナが高く立つから。

高次の存在からのメッセージやアイデアなど、いろんな情報をキャッチできるようになるので、インスピレーションや創造的な思考がわきやすくなります。

地に足の着いたものの見方ができると同時に直感力も冴えているので、今何をすべきかという優先事項がはっきりし、行動に無駄や迷いがなくなっていきます。

グラウンディングがしっかりできていると、日常生活でストレスや疲労が発生しても、それらが光のコードを通って地球の中心でクリアに浄化され、自分のパワーとして使えるようになって戻ってくるので、疲れにくくなります。生きている充実感がわき、人生に前向きに取り組めるようになるので、ぜひ毎朝の習慣にしてみてください。

基本のグラウンディングのやり方

①イスなどに腰かけて、両足の裏を地面や床にしっかりとつけます。あごを軽く引き、丹田（ヘソの下10センチあたり）に力を入れ、背すじは自然に伸ばします。両肩を思い切り上げて、肩にグッと力を入れてから一気にストンと落とし、肩とひじの力を抜きます。両手は軽く組んで、ももの上に置いておきます。

②軽く目を閉じて、ゆっくり深呼吸をくり返します。尾てい骨のあたりに意識を集中しながら、ソフトボールくらいの大きさの光の球体があるのをイメージします。深呼吸を続けながら、その光の球にさらに意識を集中させます。

③光の球には、光輝くエネルギーのコードがつながっています。その光のコードを地球の中心まで降ろしていきます。尾てい骨から出た光のコードがイスを突き抜け、床や地面を突き抜けて、地球の中心に向かって真っすぐに伸びていくのをイメージします。

④光のコードが地球の中心に到達した（とイメージできた）ら、コードをつなぐためのコンセントがあるので、探してみてください。イメージすると出現します。

⑤コンセントが見つかったら、そこに光のコードを差し込みます。プラグをカチッと差し込むイメージでも、吸盤のようにペタッとくっつけても、地球の核にコードを

基本のグラウンディングのやり方

1

イスなどに腰かけて、両足の裏を地面や床にしっかりとつける。あごを軽く引き、丹田(ヘソの下10センチあたり)に力を入れ、背すじは自然に伸ばす。両肩を思い切り上げて、肩にグッと力を入れてから一気にストンと落とし、肩とひじの力を抜く。両手は軽く組んで、ももの上に置く。

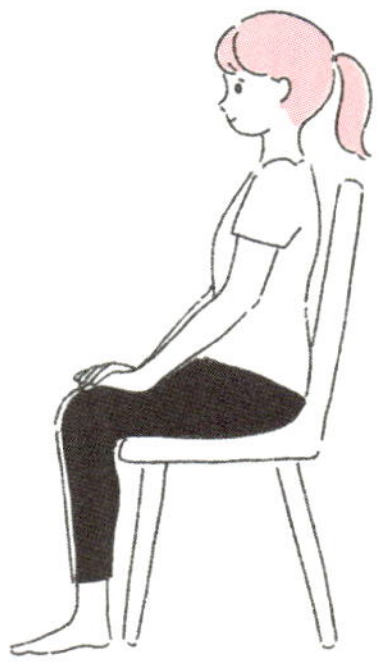

2

軽く目を閉じて、ゆっくり深呼吸をくり返す。尾てい骨のあたりに意識を集中しながら、ソフトボールくらいの大きさの光の球体があるのをイメージする。深呼吸を続けながら、その光の球にさらに意識を集中させる。

3

光の球には、光輝くエネルギーのコードがつながっている。その光のコードを地球の中心まで降ろす。尾てい骨から出た光のコードがイスを突き抜け、床や地面を突き抜けて、地球の中心に向かって真っすぐに伸びていくのをイメージする。

4

光のコードが地球の中心に到達した（とイメージできた）ら、コードをつなぐためのコンセントがあるので、探す。イメージすると出現する。

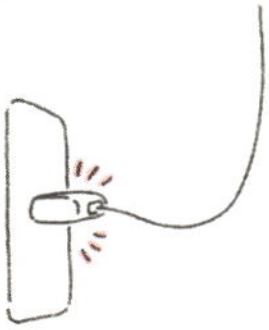

5

コンセントが見つかったら、そこに光のコードを差し込む。自分がイメージしやすい形で、光のコードを地球の中心にしっかりとつなげる。

6

ゆっくり深呼吸をしながら、自分の中のストレスや緊張、疲労、ネガティブな感情や思考が真っ黒い煙になって、光のコードを通じて地球の中心に流れていくのをイメージする。息を吐くと、真っ黒い煙がコードをつたって地球の中心に流れていく。黒い煙はすぐさま地球の中心で浄化され、クリアでパワフルな光となる。そして息を吸うと、その純白の光がコードをつたって自分の体に戻ってくる。この流れを数回、または好きなだけ行う。

7

自分の全身が純白のパワフルなエネルギーで満たされ、もう充分と感じたら、「ありがとう」と地球に感謝して、ゆっくりと目を開ける。

ぐるぐる巻きつけるようイメージしてもＯＫです。自分がイメージしやすい形で、光のコードを地球の中心にしっかりとつなげます。

⑥ゆっくり深呼吸をしながら、自分の中のストレスや緊張、疲労、ネガティブな感情や思考が真っ黒い煙になって、光のコードを通じて地球の中心に流れていくのをイメージします。息を吐くと、真っ黒い煙がコードをつたって地球の中心に流れていきます。黒い煙はすぐさま地球の中心で浄化され、クリアでパワフルな光となります。そして息を吸うと、その純白の光がコードをつたって自分の体に戻ってきます。この流れを数回、または好きなだけ行います。

⑦自分の全身が純白のパワフルなエネルギーで満たされ、もう充分と感じたら、「ありがとう」と地球に感謝して、ゆっくりと目を開けます。

人によっては、グラウンディングした瞬間、地面に引っ張られるような感覚を覚えたり、どっしりとした安定感を感じたりすることもありますが、何も感じなかったとしても、確実に地球とエネルギー的につながっているので、安心してください。

第5章

僕が実践する日々の健康生活術

エネルギー体を整える毎日の習慣

多くの人が悩む肥満や高血圧、糖尿病、脂質異常症、がんなどは、生活習慣病と呼ばれます。この言葉が象徴している通り、病気を遠ざけるためには、日々の生活習慣を見直すことが大切。

この章では、僕自身が実践していることを中心に、健康になる生活術についてお伝えします。

僕が重視しているのは、日々の生活習慣を通じて自分のエネルギーの状態を整えることです。

人間の肉体の外側には、皮膚から近い順に「感情体」「精神体」「霊体」と呼ばれるエネルギー体が、体の周囲をオーラのように取り巻いています。

病気はほとんどの場合、肉体に症状が現れる前に、これらのエネルギー体が先に変調を起こします。エネルギー体が弱くなったり、バランスに乱れが生じたりすると、それが最終的には肉体の不調や病気となって現れてくるのです。

ですから、まずは肉体の周囲にあるエネルギー体を整え、次に肉体の内側のエネルギーの流れを整えていくことが、病気の予防や治療、健康維持に役立ちます。

ヒーラーと呼ばれる人たちは患者さんの体に触れずに痛みや不調を治していきますが、彼らはエネルギー体にアプローチして、患者さんの体のエネルギー状態を整えているのです。

この章で紹介する生活術も、エネルギー的な観点に基づいています。そのため、世間で一般的な健康常識にはない内容も含まれていますが、疑ったり否定したりせずに「こんなアプローチの仕方もあるんだな」と捉えてみてください。

そして、いきなり全部を実践する必要はありませんが、自分が気になったものや、できそうだと思ったことを、日々の生活に取り入れてみましょう。実践していくうちに、気分や体調にプラスの変化が少しずつ現れてくると思います。

生活習慣を変えていくときも、あなた自身の「こ・ひ・し・た・ふ・わ・よ」の感情・感覚を指針にしてください。自分が惹《ひ》かれる、腑《ふ》に落ちることを、まずは選んで試してみる。実際に試してみて、心地いい、しっくりくる・スッキリする、楽しい、ワクワクや喜びを感じることを、習慣として続けていく。

そんな風にして自分流の健康になる生活術を身につけていただけたらと思います。

「ライト・ウォーター」をたっぷり飲む

心身ともに元気で健康でいるためには、まず、良質な水をたっぷり摂ることが大切です。第4章でもお伝えしたように、水にはエネルギーを蓄える性質があり、エネルギーとエネルギーをつなぐ橋渡し役としても働きます。

つまり、波動の高い、ポジティブなエネルギーをまとった水を飲むことで、全身の細胞にポジティブなエネルギーが行き渡ることになります。

ポジティブなエネルギーを持つ水は、自分で簡単に作ることができます。僕自身が実践し、皆さんにもおすすめしているのが「ライト・ウォーター」です。

ライト・ウォーターは、**飲む前に「水を青白い光で一杯に満たす」と意図し、その光が目の前の水に満ちていくのをイメージするだけで作れます。**10分くらいイメージ

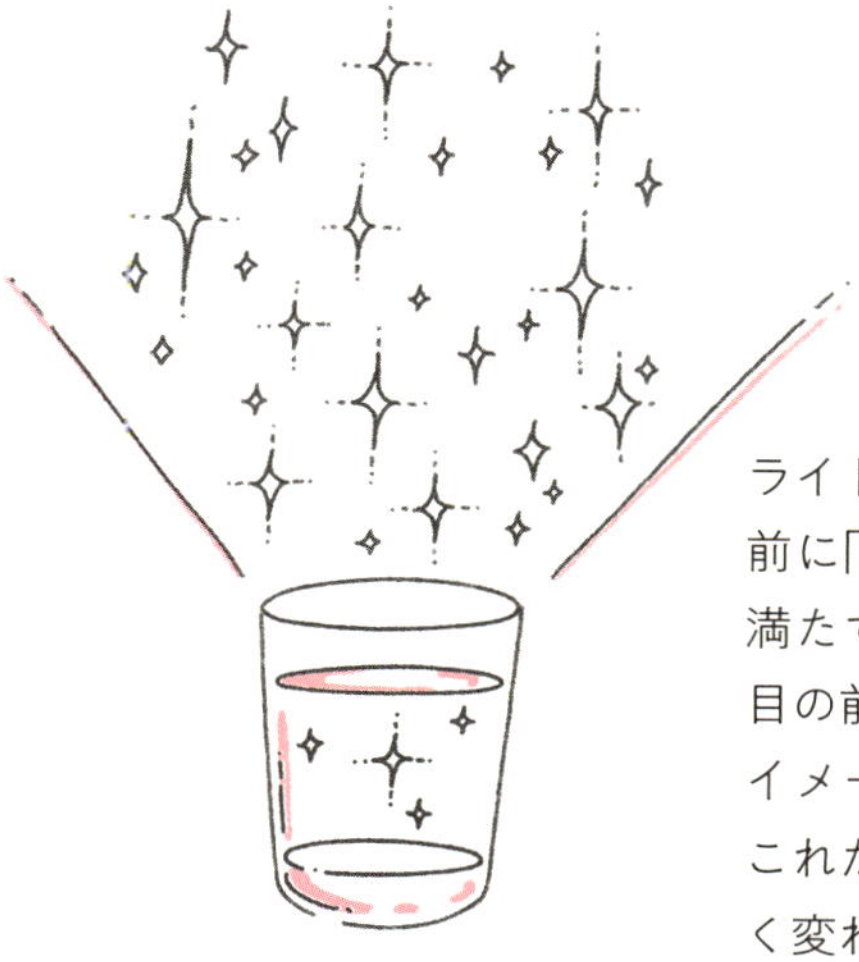

ライト・ウォーターは、飲む前に「水を青白い光で一杯に満たす」と意図し、その光が目の前の水に満ちていくのをイメージするだけで作れる。これだけで、水の質がまったく変わる。

するのが理想ですが、慣れると短時間でできます。これだけで、水の質がまったく変わります。

青白い光というのは、生命の原初の世界の色。あらゆる生命が生み出される次元は、青白い色で発光しています。青白い光で満たしたライト・ウォーターには、僕たちの生命エネルギーをより強く輝かせるパワーが宿っているのです。

水の分子には、高い波動を自分になじませてくれる作用もあり、自分と高次の存在をつないでくれる媒体でもあります。

そのため、ライト・ウォーターのような波動の高い水を日常的に体内に取り入れていると、ハイヤーセルフや宇宙意識といった高次の存在とのつながりも強まっていきます。

水の質や安全性を気にして市販のミネラルウォーターを愛飲している人は多いですが、ペットボトル入りの水は、あまりおすすめできません。プラスチックの波動に触れることによって、水が劣化するからです。ペットボトル入りの水を飲むときこそ、ライト・ウォーターをイメージしましょう。

エネルギー的に最もパワフルなのは、大地のエネルギーに満ちた自然の湧き水です。旅先などで天然の湧き水をいただける機会があれば、積極的に利用するといいですね。

また、現代の食生活では体が酸性に傾きがちになるので、水を摂取するなら、酸性の状態を無効化する働きのあるアルカリイオン水がおすすめです。水道水よりも、できれば浄水器を通した水のほうが望ましいです。

浄水器は一般的に、価格と性能がほぼ比例しています。お財布と相談して、自分が買える範囲で最高ランクの浄水器を使うとよいでしょう。

ライト・ウォーターは、1日分をまとめて作ってもOKです。その場合は朝、ガラスのピッチャーに水を入れてライト・ウォーターを作り、冷蔵庫に保存してその日のうちに飲み切るようにします。

自分でライト・ウォーターを作ること自体が、意識やイメージの力を鍛える一種のトレーニングになります。

そもそも僕たちは普段、意識をあまりに無自覚に使いすぎています。自分にとって望ましいことに焦点を当てる訓練をし、望ましい方向へ意識を集約させていくことが、健康の実現はもちろん、運を開き人生を改善していくコツなのです。

ライト・ウォーターを飲むときも、意識の力を使ってみましょう。

例えば、ダイエットをしたい人ならば、ダイエットに成功した理想の自分の姿や状態をイメージしながら飲むと、その情報が水の分子に転写されます。そして水が全身の細胞に浸透していったとき、そのイメージとエネルギーも細胞に染み込んでいき、理想の状態に体が整っていきます。

心身の不調に悩んでいる人であれば、不調がすっかり消えて、心身ともに元気で軽やかになった自分の姿や状態をイメージしながら水を飲む。

体のことに限らず、プロジェクトを成功させたい、好きな仕事に就きたい、理想のパートナーと出会いたいといった望みがあるならば、自分のやりたいことや、成功しているイメージを思い描きながら水を飲むと、そのエネルギーが細胞に染み込んでかなっていきます。

水は、本来すごい力を持っているのです。水と協働していくと、本当に人生に奇跡を起こすことができます。

僕は将来、水の研究がさらに進んでいくと、水は神につながっているということが科学的にも解明されていくと思っています。それくらい、水は重要なのです。

日本人ならではの「波動の高い食材」とは？

ほとんどの人は、肉体が満足するように食べたいものを選び、食事をしています。

しかし、これからの時代は、肉体の周囲を取り囲むエネルギー体が満足するような食事をしていくことも必要です。

エネルギー体が満足する食事は、波動の高い食事。波動の高い食事とは、食材そのもののエネルギーが高い食材をシンプルな調理法で料理した食事です。

代表的な食材としてまず挙げられるのは、有機栽培の野菜やフルーツ。農薬や遺伝子組み換えなど人間の手を極力加えず、自然に近い環境で育てられたもののほうが、はるかに強い生命エネルギーを持っています。


旬の食べ物や、自分たちが暮らす土地で栽培・収穫された新鮮な食材も、生命エネルギーが強く、自分の体質になじむ食べ物です。


その意味では、日本人の主食には、小麦よりも米のほうが体質に合っているといえます。白米もいいのですが、玄米や雑穀米はさらにおすすめです。精製されていないため、より強いパワーが残っている状態だからです。

伝統的な製法で作られた味噌や醤油、酢、甘酒、納豆、漬物などの発酵食品も、日本人の体質に合うパワフルな食べ物です。梅干しや酢、味噌には、ネガティブなエネルギーを浄化するデトックス作用もあります。

基本的には、大地のエネルギーをたっぷり吸収して育った植物性の食べ物が、波動が高くエネルギー体が喜ぶ食材といえます。

反対に波動が低い食材の代表例は、高度に加工・精製されたもの。ハムやソーセージ、スナック菓子などの加工食品、レトルト食品、インスタント食品、ファストフードなどは、保存性を高めて見た目をよくするために添加物なども多く使われています。波動が高い食材とはいえないので、できるだけナチュラルな、手作りに近いものを選ぶように心がけるといいでしょう。

なお、肉類や卵、乳製品など動物性の食材も、波動が低く、エネルギー体にとってはあまり必要のない食材に分類されます。

エネルギー体が喜ぶ食材を積極的に摂ることも大事ですが、一番大事なのは、自分の体の声にきちんと耳を傾けて、そのとき自分が欲しているものを必要な量だけ食べることです。

どんな食べ物が自分の体質に合うかは、人それぞれ違います。そのときどきの体や心の状態によっても、欲する食べ物は変わってきます。

ですから、「今、私の魂が必要としている食べ物は何?」と自分に問いかけながら、食べるものを選ぶ習慣をつけてください。食べてはいけないものは、一切ありません。そのとき自分が食べたいもの、好きなものを食べるのが一番なのです。

僕も必ず、上（ハイヤーセルフ）に聞きながら食事をチョイスしています。

昔は上の声を無視して目で見て食べたいものを選んだり、これも食べたい、あれも食べたいと欲張って食べたりしていましたが、それで体調を崩してしまったりと、ずいぶん失敗してきました。

ですから、今は上が言うことに従っています。僕は生牡蠣《なまがき》が好物ですが、上から「やめなさい」と言われたら、食べません。以前、生牡蠣ではないですが、言いつけを守らず痛い目に遭ったことがあるからです。

そして、ある程度食べたら、「これで満足？」と自分に聞いてみます。「もう充分」と感じられたら、そこで箸を置く。こんな風に食事をしていれば、エネルギー体は満足した状態で、体には負担がかからず、体が軽やかに感じられます。

反対に、食べても食べても満足できないような食事は、エネルギーが満ちていない食事。どんなにおいしいものを食べていても、体も心も満たされません。

最初のうちは、自分の体の声がよくわからないかもしれません。でも、自分と対話しながら、しっかり味わって食べていると、だんだんわかるようになります。

肉の食べすぎは感情のバランスを崩す

肉体の周囲を取り囲むエネルギー体を元気に整えるための食事という意味でいうと、肉類を食べすぎるのは、あまり望ましくないとされています。

なぜなら、肉体から一番近い層のエネルギー体である感情体を刺激してしまうから。動物にも感情があり、家畜が屠殺《とさつ》されるときの不安や恐怖などが細胞レベルで食肉に記憶されています。

肉食をすると、そのネガティブなエネルギーごと体内に取り入れてしまうことになるので、動物たちの不安や恐怖をそのまま受け取ってしまい、人間の感情体に悪影響を及ぼしてしまうことがあるのです。

人によっては理由もなく不安に襲われたり、怒りっぽくなったり、感情の浮き沈みが激しくなったりします。

けれども、僕は「感情を乱すから肉は食べない」「肉を食べると自分の波動が低くなるから食べてはいけない」という考え方には賛成しません。**僕自身、お肉は大好き**

ですし、食べる量は少ないですが、ステーキも食べます。

特に、お肉は大好物だけどスピリチュアル的にはよくない食べ物だから食べないと、我慢するのはやめてください。食べたいという欲求を我慢して抑えつける禁欲は、決してうまくいきません。

昔の僧侶たちがそうでした。禁欲は必ず、いずれ欲求が爆発して破綻します。その上、禁欲という行為は確実に、本質的な自分とのズレを大きくしていくからです。

ベジタリアンの中には、「感情を持っている動物を殺して食べるのは残酷」「動物を食べるのはかわいそう」という意見もありますが、では植物やその種実を刈り取って食べるのは、かわいそうではないのでしょうか。

生きている命を殺して食べて、他の生き物の命をいただいて自分の命をつないでいるという意味では、同じことです。

肉体を持つ僕たちにとって、今のところ食べることは毎日欠かすことができない行為です。

実際は、食べ物も水も一切摂らない「不食の人」が存在することからもわかるように、人類は食べなくても大気中からエネルギーを吸収して生きていけるポテンシャルを備えています。しかし、「食べないと死んでしまう」という固定観念をあまりにも強く持ち過ぎているので、体はそのように機能せざるを得ません。

ならば、食べることは命をいただくことだという事実をしっかり受け止めたうえで、いただいた命を無駄にせず、食事をありがたくおいしくいただくことが、何よりも大切ではないでしょうか。

何を食べるかよりも、どんな意識を乗せて食べるかのほうが、より重要です。「体に悪い食べ物だ」と思って食べれば体にとって毒になり、「体にいい」と思って食べれば薬になるのです。

ある女性は、若い頃から健康に気をつけて食事を徹底的に節制し、加工食品や肉などは一切口にしない生活を送っていました。規則正しい生活と適度な運動も長年続けてきましたが、50代になったある日、がんになってしまったのです。

パートナーは彼女とは正反対で、肉やジャンクフードをたらふく食べ、毎日のようにお酒を飲んで不摂生な生活を続けてきたのに、内臓年齢は20代で健康そのもの。

彼女は、「こんなに体のことを気遣ってきたのに、どうして私だけがんになるのか。不公平だ」と嘆いていました。

パートナーは、日々、自分が食べたい好きなものを食べ、「おいしい、おいしい」と感謝して食事をし、楽しくお酒を飲んでいました。それに対して彼女は、「これは食べてはダメ」「あれを食べなければいけない」とルールで自分を縛り、我慢とストレスを重ねてきたのです。

そうしたストレスフルなあり方が、彼女に病気を招いたのです。

世の中には「健康にいい食べ物」「体に悪い食べ物」についての情報があふれています。一応、知識として頭に入れておくことも必要ですが、あまり情報に振り回されないようにしてください。

一番大切なことは、前項でもお伝えした通り、自分の体の声にしっかりと耳を傾け、そのとき自分の体が欲するものを、体が必要とする量だけ食べることです。

そのうえで、食事に向かうときの意識にも注意しましょう。

スマホやテレビを見ながら、心ここにあらずの状態で食べたり、ネガティブな考え事や仕事のことを考えながら食事をしたりするのは、おすすめできません。食事と一緒にネガティブなエネルギーを取り込んでしまうことになります。

食事をするときは、食べることに集中する。感謝をして、おいしく味わって食べることが、何よりの栄養です。自分の好きな人、一緒にいて居心地がいい人と、楽しく幸せな気分で食事をすることも大切でしょう。

なお、肉を選ぶときは、グラスフェッド（牧草飼育）や放牧、環境のよい畜舎で肥育したものなど、できるだけストレスの少ない環境で育てられた食肉を選んだほうが、体への負担は少なくなります。

肉を食べたいけれど食べるのが不安な場合は、食べ物の波動を自分の波動にまで引き上げてから食べるのも、1つの方法です。

やり方は、目の前の食事に意識を向け、**「これらの食事を自分と同じ周波数まで引き上げます。そして、自分に必要な栄養素だけを吸収し、それ以外は全部地球にお返しします」**と声に出して言うか、考えるだけでOKです。

そうすることで、もともと食肉にある低い波動も自分の波動に近くなり、ネガティブな影響を最小限に抑えることができます。

スイーツやアルコールの楽しみ方

疲れたときやストレスが溜まったとき、無性に甘いものが食べたくなる人は少なくありません。特に女性にとっては、甘いスイーツは日常生活の中で欠かせない「自分へのご褒美」だったりします。

けれども、砂糖の摂取は依存性や中毒性があるので、摂りすぎると感情体を麻痺《まひ》させる原因にもなります。そのため、甘いお菓子や甘い飲み物などの砂糖を使った食品は、できるだけ控えたほうがよいでしょう。

砂糖は「マイルドドラッグ」とも呼ばれ、薬物やアルコール並みに依存性・中毒性が強いのです。砂糖を摂ると、脳内では幸福感や安らぎを感じさせるドーパミンやセロトニン、ノルアドレナリンなどの神経伝達物質が分泌されます。

しかし、この幸福感や快感は一時的なもので、すぐに消えてしまいます。すると脳はまた快楽を得たくなり、甘いものを欲する、甘いものを食べないとイライラする、という状態になってしまうのです。

エネルギー的な観点から見ても、砂糖の摂取は感情体を乱すことがわかっています。エネルギーが低下して疲れを感じたり、感情が不安定になったりすると、無性に甘いものが食べたくなります。

砂糖を摂ると感情体が麻痺したようになり、一時的に気持ちが落ち着きますが、すぐにまた不安定になり、さらに甘いものを欲するようになります。

このループの中で中毒性ができると、エネルギーの状態が大きく乱れ、本来の自分の力を発揮できなくなっていきます。

これは、精製された白砂糖に限らず、精製されていない黒砂糖や天然の甘味料、人工甘味料のすべてに言えることです。

とはいえ、今のあなたの食生活から砂糖を完全に排除する必要はありません。感情のバランスを自分でコントロールできるようになると、自然と甘いものに対する執着も薄れていきます。甘いものが大好きでやめられないという人は、ストレスのない範囲で、砂糖の摂取を減らすことを心がけてください。

例えば、コンビニに行くたびにスイーツを買うのが習慣になっているのならば、それを3回に1回に減らしてみる。食後に必ずデザートを食べているのならば、とびきり美味しくて幸せになれるデザートを夕食後だけ、あるいはおやつとして食べる。

そんな風に無理のない範囲で砂糖の摂取を少しずつ減らしていくと、毎日スイーツを食べていたのが、週1回で満足できるようになるかもしれません。

第2章で紹介したネガティブな感情を手放すワークを実践したりして、日々、感情のバランスを取ることを心がけていくと、自然とそこまでスイーツを必要としなくなります。

アルコールも砂糖と同じく依存性があり、感情のアップダウンを招いたり、感情を麻痺させたりする原因になります。

とはいえ、酒は百薬の長であり、古来から神事にも使われてきた神聖なものともいえるでしょう。適量を楽しむのであれば、問題ありません。かくいう僕も、お酒は大好きです。

アルコールとの付き合いで大事なのは、量と飲み方です。現実逃避のために飲んだり、酔って自分をセーブできなくなるくらい飲んだりするのではなく、明るく楽しく飲むこと。好きな人、一緒にいて居心地がよい人と楽しく飲めば、心がオープンになり解放されるし、お互いにポジティブなエネルギーを与え合うことになります。

1人で飲む場合も、1日の仕事の終わりに晩酌を1～2杯楽しむ、といった具合に自分なりにルールを決めて、節度を持って楽しく気持ちよく飲むようにしましょう。

なお、アルコールの摂取は脱水を引き起こすので、お酒を飲むときは水も一緒に摂るよう心がけてください。


スイーツやアルコールなどの嗜好品は、「美味しいものを少量、楽しみながらいただく」というのが、ベストな付き合い方といえるでしょう。

カフェインについても、同じです。カフェインは神経を刺激するのであまり摂らないほうが望ましいのですが、コーヒーなどが大好きで飲みたいのならば、午後3時くらいまでなら飲んでも構いません。

カフェインには覚醒作用があり、人によって感受性は違いますが、夕方以降に摂取すると寝つきや睡眠の質に悪影響を及ぼす可能性があるためです。

夕方以降は、ハーブティーや麦茶などノンカフェインの飲み物にしておいたほうが無難でしょう。

月に1度は16時間断食をやってみて

僕は、食事に関しては「何を食べてもいいですが、量を少なめにしましょう」と提案しています。なぜなら、食べたものを消化することは、体にとってものすごくエネルギーを使う重労働だからです。

世間的には、「朝昼晩と1日3回、いろんな食品をバランスよく食べる」ことが理想とされていますが、ほとんどの現代人にとって、この食生活は食べすぎです。

食べる量が多すぎると、食べ物の消化にエネルギーが使われてしまうので、他のことに注ぐエネルギーが足りなくなります。その結果、しっかり食べているのにパワーが出ない、すぐに疲れる、食後に眠くなってしまう……といったことが起こります。

加えて、消化し切れなかった食べ物が体内に老廃物として残り、体内のエネルギーの巡りも悪くなります。食べたものの消化・吸収のために体がフル稼働しなくてはいけないので、内臓も疲弊します。

ですから、現状よりも食べる量を少し減らすことを意識して食事をすることをおすすめします。まずは腹八分目を目安にして、慣れてきたら腹六分目くらいまで減らせるといいですね。

食べる量を減らすコツは、体の声を聴きながら食べること。「1日3食規則正しく食べなければいけない」「朝ごはんをしっかり食べないと力が出ない」というのは、単なる思い込みです。

「お腹は空いていないけど、お昼になったからランチを食べる」というような、腹具合に関係なく時間で食べる習慣は、もうやめましょう。

時間に関係なく、本当にお腹が空いたら食べる。ちょっと食べて「お腹が満ちたな」と感じたら、そこで終了。しばらくたってお腹が空いたら、また少し食べればいいんです。そのときに体が欲するものを食べてください。何を食べてもOKですが「もうお腹一杯」となる手前のところでやめておきます。

しっかり味わいながらゆっくり食べていれば、「もう充分」という体の声がわかるようになります。腹八分目から腹六分目の食事に慣れると、体が軽やかで心地よく、頭も冴えて、食事を少量にしたほうが元気に動けることが実感できると思います。

加えて、食生活に取り入れるといいのがファスティング（断食）です。

ファスティングを行う目的は、第一に、自分の体をいたわるため。食べたものの消化・吸収・排泄が終わるまで、胃腸はずっと働きっぱなしです。寝る直前に食べると、睡眠中も体は消化のために起きていなければいけません。休みなく働いていれば、疲弊ぎみになるのも当然です。

ですから、胃腸を休ませるために、固形物が体に入ってこない時間をある程度作ることが大切です。ファスティングを行うと、胃腸がカラになって休息できるうえ、体内に溜まっていた毒素や老廃物が排出され、体の中がスッキリとクリアになります。

定期的にファスティングを行うことは、魂の器である体をクリアにし、エネルギーの巡りをよくする意味でも有効です。月に1日でもファスティングを行うと、体内に溜まったネガティブなエネルギーが一掃され、大地や宇宙からのエネルギーを取り入れやすい体に変化していきます。

とはいえ、いきなり丸1日絶食するといった無理な断食を行うのは危険なこともありますし、頭痛やめまいなどのトラブルが出ることもあります。

そこでおすすめしたいのが、プチ断食です。これは、**1日のうち食べる時間を8時間以内に収め、残りの16時間は固形物を食べないというファスティング方法です。**

固形物が体内に入ってこない時間が16時間を超えると「オートファジー」が発動します。これは、細胞内の古くなったたんぱく質が新しく作り替えられる機能のことで、オートファジーが発動すると、体内の不要なものや老廃物が一掃され、全身の細胞が活性化します。そのため、美肌やダイエット、免疫力アップ、病気の予防などの効果が期待できるとされています。

食事を摂れない時間が16時間も続くというとつらそうですが、実際はそうでもありません。1日8時間睡眠の人であれば、起きてから4時間後に最初の食事を摂り、就寝の4時間前までに夕食を終えればクリアできます。8時間はいつ何をどれだけ食べてもOKですし、残りの16時間も、食事は控えますが水分は摂ってもOKなので、空腹感に悩まされることはほとんどありません。

僕自身も、この方法を食生活に採用しています。朝食は摂らず、普段は1日2食で、可能な限り8時間のうちにすべての食事を終えるようにしています。

でも、厳密にルールを守らなくても大丈夫。8時間が難しければ、10時間〜12時間以内に全部の食事を終えるようにしても構いません。

食事が入ってこないインターバルの時間をある程度作り、体をいたわることが目的ですから、無理のない範囲で行えばいいのです。

試してみる場合は、まずは朝食を水や飲み物だけにして、昼食は普通に摂り、夕食の時間を少し早めてみることから始めるといいでしょう。

言霊で自分に呪いをかけてない？

生活習慣の1つとして、自分が普段何気なく口にしている言葉や、頭の中でつぶやいている言葉にも目を向けてみていただきたいと思います。

日本には昔から「言霊《ことだま》」といって、言葉には霊（エネルギー）が込められているという考え方があります。つまり、ポジティブな言葉にはポジティブなエネルギーが宿り、ネガティブな言葉にはネガティブなエネルギーが宿るのです。

僕たちは、常に言葉を使って思考しています。言葉というものは、自分の意識と感情、波動（自分が発するエネルギー）の表れであるともいえます。そして、言葉には言霊があり、その言葉を発した人と言われた人の両方に、言葉のエネルギーが作用します。

そうすると、言葉の使い方次第で、自分に元気や希望を与え、鼓舞することもできれば、反対に自分に呪《のろ》いをかけることもできるわけです。僕はいつもセミナーなどで**「自分に呪いをかけないことが大事だよ」**とお話ししています。

では、どんな言葉が「自分に呪いをかける言葉」になるのでしょうか。

物事がうまくいかないとき、**「私なんて」「私なんか」「どうせ」**といった言葉を漏《も》らしてしまう人がいます。

これらは、自己肯定感を下げ、人生の可能性を狭めてしまう最凶の「呪いの言葉」です。これらの言葉を使い続けると、自分をダメな人間だと思い込み、本来の自分の力が発揮できない状態を作り、悪循環にはまっていくんです。

「無理」「できない」などの言葉も、要注意です。僕たちには本来、やりたいことを何でもできる力があるのに、「無理」「できない」と言葉にして発していると、それが具現化し、自ら可能性を狭めてしまうことになるのです。

「できない」という言葉に引っ張られて、無意識のうちに思考や行動が「できない」方向に進み、それがかなってしまうわけです。

「最悪」「最低」「うざい」「もうヤだ」「死ね」「ダメ」などの否定の言葉も、言われた相手はもちろん、言った本人の波動を下げてパワーやエネルギーを奪ってしまう呪いの言葉です。こんな言葉ばかり使っていると、運やチャンスまでどんどん逃げていってしまいます。

これらの言葉が口癖になっていないか、自らをチェックしてみてください。自分では気づかないうちに使っていることもあるので、家族や友人に指摘してもらうといいでしょう。自分を否定する呪いの言葉が出そうになったら、もっと明るい、前向きな言葉に言い換えていくのです。

また、呪いの言葉は、実際に人前で口に出すよりも、自分の頭の中でつぶやいていることの方が多いものです。頭の中の口癖、思い癖になっていないか、振り返ってみてください。

反省しているつもりで、自分にひどい言葉をかけていることは、しばしばあります。「どうして私ってこんなにダメなんだろう」という言葉が思い癖になっている人も、自分の子どもや大切な友達に向かって「どうしてあなたって、こんなにダメなの？」なんて言いませんよね。

自分を傷つけるひどい言葉を自分に向けて言うことは、もうやめにしましょう。

「人生を好転させたいなら、ツイてる人になりたいなら『ポジティブ・ワード』を使うことが大事だよ」と、僕はお伝えしています。

最強のポジティブ・ワードは「ありがとう」です。感謝は、愛と並んで最も波動の高いエネルギーですから、感謝を伝える「ありがとう」は最強の言葉なのです。

「嬉しい」「楽しい」「素敵だね」「好き」「かわいい」「いいね」「最高！」「大丈夫」などの言葉も、ポジティブ・ワード。見たり聞いたりしたときに気分がよくなる言葉、言われると嬉しく幸せになる言葉、心地よく感じる言葉、自信がわく言葉、安心感を覚える言葉が、ポジティブ・ワードだと思ってOKです。

日常会話でどんどんポジティブ・ワードを使っていきましょう。「いつもすみません」の代わりに「いつもありがとうございます」と言ってみる。人に何かをしてもら

ありがとう！
「ありがとう」
は最強の
ポジティブ・ワード

ったら「嬉しい」と言ってみる。初対面の人に会うときは「お会いできて嬉しいです」と言う。もちろん、自分に対してもポジティブ・ワードをバンバンかけてあげてくださいね。

ポジティブ・ワードを使いこなすコツは、根拠がなくても、本当はそんな気分でなくても、どんどん使っていくこと。本心では「大丈夫かな……」と少し不安だったとしても、「大丈夫！」と言い切るんです。すると、言霊のパワーに引っ張られて現実も本当に大丈夫になります。

人間関係がうまくいっていない相手や、これから親しい関係を築いていきたい相手には、まず自分からポジティブ・ワードをかけること。最初は本心じゃなくてもいいんです。

大事なのは、自分が嬉しくなるようなポジティブな言葉を、相手から言われるのを待つのではなく、自分から先に声に発することです。

この宇宙には、「与えたものを受け取る」という法則があります。相手にかけてもらいたい言葉があるなら、まずは自分が相手に言う。すると、相手は嬉しい気持ちになり、時間がかかることもありますが、いずれ相手から、あるいは他の人から同じように嬉しい言葉が返ってくるようになります。こうして人間関係が好転していくのです。

ポジティブ・ワードを意識的に使っていくと、それだけで人生の流れが変わります。

ポジティブな気分を味わうことが増え、「前向きになるって、こういうことなんだ」と体感できるようになります。**それに伴って自分の思考や行動も変わり、対人関係も含めて自分の現実や人生がポジティブな方向へと動き出します。**

また、自分の本質につながることを続けていくと、意識しなくてもポジティブ・ワードが自然と増えてきます。なぜなら、ポジティブ・ワードは自分の本質とつながっている「こ・ひ・し・た・ふ・わ・よ」の感覚・感情を感じているときに出てくる言葉だからです。

ストレッチが人生をスムーズにする

調和のとれた食事、適切な運動、充分な休養・睡眠が「健康の3原則」といわれます。とはいえ、僕自身はハードな運動にまったく興味がないので、日課として実行しているのはストレッチくらいです。ヨガは好きなのでときどきやりますが、あとは軽くウォーキングをする程度で、激しい運動はしていません。

実際、激しい運動はあまり必要ないと思います。きつい筋トレや長距離のランニングなどのハードな運動が好きならば否定はしませんが、激しい運動はひざや腰などに負担をかけ、あとで体に支障をきたしてしまうこともあるので、僕自身はあまりおすすめしません。

運動で大切なのは、エネルギーの流れをよくすることです。心身の不調や疲れは、エネルギーがうまく循環できていないことから起こります。体が凝り固まっていれば、当然エネルギーの流れも悪くなります。

そこで、**自己流でも構わないので、ストレッチや軽い運動をして、できるだけ体を柔軟にしておくことが、エネルギーの巡りをよくするために重要なのです。**

エネルギーの巡りをよくするという意味では、ヨガはおすすめです。

ヨガはゆったりとした動きで、ストレッチ的な動きと深い呼吸がベースになっています。体の柔軟性を高めるだけでなく、人体のエネルギーポイントであるチャクラのバランスを整えることを意図して行うので、エネルギーの循環もよくなります。

僕が行っているストレッチは、完全に自己流です。「体が硬くなっているな」「エネルギーが滞っているな」と感じたら、その部分をグーッと伸ばしてあげる。それだけで、エネルギーの流れがよくなります。

ベッドの上であお向けになり、腰を左右にひねるストレッチや、全身をグーッと伸ばすストレッチも、朝晩よく行っています。

そのほか、習慣として日頃よくやっているのは、手をもむこと。移動中や待ち時間

エネルギーの流れをよくする
僕の日常習慣

ベッドの上であお向けになり、腰を左右にひねるストレッチや、全身をグーッと伸ばすストレッチも、朝晩よく行っています。

そのほか、習慣として日頃よくやっているのは、手をもむこと。移動中や待ち時間など、両手があいているときは自分の手をマッサージしています。

手のひらから手の甲、指先から指の付け根までまんべんなくもんだり、両手のひらをこすりあわせたり。手には全身の反射区やツボが集中しているので、手をもむだけで体内のエネルギーの流れが明らかに変わってきます。

足にも、全身の反射区やツボが集中しているので、足裏や足指をマッサージするのもいいと思います。

など、両手があいているときは自分の手をマッサージしています。

手のひらから手の甲、指先から指の付け根までまんべんなくもんだり、両手のひらをこすりあわせたり。手には全身の反射区やツボが集中しているので、手をもむだけで体内のエネルギーの流れが明らかに変わってきます。

足にも、全身の反射区（全身の器官や臓器につながる末梢神経が集中している場所）やツボが集中しているので、足裏や足指をマッサージするのもいいと思います。


運動は「運が動く」と書く通り、体を動かすと本当に運も動き始めます。だから、「最近なんかパッとしないな」「なんか退屈だな」「人生が停滞しているな」と感じているなら、運を動かすつもりで軽い運動を習慣にしてみることをおすすめします。

すると、途中で止まっていた計画が動き出したり、人との新しい出会いがあったり、楽しい出来事が増えたりと、人生の流れが変わってきます。運もエネルギーですから、自分が動くことで運の流れもよくなっていくのです。

肉体のエネルギーの流れをよくしていくことは、人生をスムーズに進めていくうえで基盤になります。

自分のエネルギーが詰まると人生も停滞し、自分のエネルギーがクリアな状態でスムーズに流れていれば、人生の流れも快適に感じられます。

なぜなら、僕たちの現実は自分の意識を反映したものに過ぎないので、自分の意識やエネルギー状態がそのまま現実として現れてくるのです。

自分の体内のエネルギーの流れやバランスをよくするための運動は、先に述べたように、軽いもので充分です。例えば、好きな音楽をかけながら、リズムを取るように体を揺らしているだけでも運動になります。運動を難しいものと考えず、もっと気楽に捉えて楽しみながら行ってください。

日常生活の中で手軽にできる運動としては、ウォーキングもいいですね。少し早歩きで、1日15分~30分くらい歩くだけで運動量としては充分です。買い物に出かけたついでに散歩をする、通勤時にちょっと寄り道をするといった感じで、ちょっと歩く時間を作ってはいかがでしょうか。

エプソムソルト入浴で邪気を払う

入浴は、血行をよくする、疲労を回復するといった健康効果に加え、エネルギーの浄化という意味でも非常にパワフルな効果があります。

入浴はシャワーだけではなく、浴槽に浸かるのがおすすめです。37〜40℃のぬるめのお湯に20分くらい浸かるのが、邪気（ネガティブなエネルギー）を解放する最適な入浴法です。

その理由を説明します。

僕たちは1日のうちに、いろんなネガティブなことを考えたり感じたりします。許せない思いや悲しい気持ち、妬《ねた》みや恨《うら》み、怒り、後悔、嫌悪感、無力感、被害者意識といったネガティブな感情や思考は、水の分子を介して細胞に溜まっていきます。

自分の思考や感情だけでなく、他人から自分に向けられた悪意などの邪気も、細胞に溜まります。

それらの邪気が、**37〜40℃のお湯に20分ほど浸かっていると、細胞から抜けていき**

入浴剤はエプソムソルトがおすすめ。デトックス効果が高く、感情の安定にも働く。

体の外に排出されるのです。

体に邪気を溜め込んでいると、疲れやすくなり、いずれは心身の健康にも悪影響を及ぼします。ですから、入浴で毎日、ネガティブなエネルギーをクリアリングしてあげることが重要なのです。

細胞に溜まった邪気を浄化するには、入浴剤を活用すると、より効果的です。手近なものでいうと、天然塩（粗塩）や日本酒（清酒）は、心身の浄化に効果があります。

ネガティブなことをたくさん思ったり考えたりしてしまった日は、浴槽のお湯に、天然塩を2つかみと清酒を1合くらい入れて入浴するとよいでしょう。

ただし、浴槽の種類によっては、塩を入

れると風呂釜を傷めてしまう恐れがあります。そこでおすすめしたいのが**「エプソムソルト」**。ソルトという名前ですが塩ではなく、海のミネラル成分の1つである硫酸マグネシウムが主成分です。

エプソムソルトは発汗を促して体内の毒素や老廃物を排出するデトックス効果が高く、エネルギー的な汚れが非常にパワフルにクリアリングされます。

皮膚を通して吸収されるマグネシウムは、感情の安定にも働きます。お湯の肌当たりが柔らかくなり、体が芯から温まって湯冷めをしにくくなるなど、入浴剤としても優秀です。

僕は、エプソムソルトに好きな香りのアロマオイルを2〜3滴加えて入浴するのがお気に入りです。

エプソムソルトは、ネットで検索すれば、売っているショップをたくさん見つけることができると思います。

夏場などシャワーだけで入浴を済ませたい場合は、浄化のイメージワークを取り入れるとよいでしょう。

やり方は簡単で、シャワーから出るお湯を「浄化の光」とイメージして、自分の体にべったりついたネガティブな感情を光のシャワーで洗い流す様子をイメージします。ネガティブな感情を真っ黒いコールタールとしてイメージし、体に当たる水流をキラキラと輝く浄化の光とイメージして、汚れが洗い流されると全身が透明なクリスタルのようなピカピカの状態に戻っていくのを想像します。

部屋の掃除と同じで、エネルギーの汚れも溜め込まずにこまめに掃除をしておけば、いつも快適な状態でいられます。毎日の入浴タイムを上手に活用して、肉体もエネルギー体もクリアな状態にリセットしましょう。

心地よい睡眠で高次の世界とつながる

眠っている間、僕たちは幽体離脱をしています。魂の一部が肉体を離れ、別の次元を旅しているのです。

人が睡眠中につながる次元は、7段階くらいの層になっています。高い次元につながると、そこでヒーリングを受けたりエネルギー・チャージができたりするほか、未来に関する有益な情報を受け取ることもできます。

朝、目が覚めると疲れがスッキリ取れていて、「今日も楽しいことが起きそう！」というポジティブな感覚で1日を始めることができるわけです。毎晩こんな睡眠を取ることができれば、睡眠中にヒーリングがなされるので、病気にもかかりにくくなります。

一方、低い次元につながると、しっかり眠ったはずなのに疲れが取れない、寝た気がしない、目覚めの気分がどんよりしている、体が重い、日中も眠くてやる気が出ない……といった状態になります。

では、どうすれば睡眠中に高い次元にアクセスできるのかといえば、寝る前の意識がカギを握っています。簡単にいえば、**心地よい気分に満たされて眠れば高い次元につながり、そうでなければ低い次元につながってしまうのです。**

例えば、寝る前に今日1日の嫌なことを思い出して自己嫌悪に陥ったり、「明日も仕事か……。嫌だな」と思ったりしながら眠りにつくと、意識が重たく暗くなり、低い次元にしかつながれません。そうなると癒しどころか、エネルギーを奪われるような睡眠になってしまいます。

高い次元にアクセスする「良質な睡眠」を取るために、寝る前には、リラックスしていい気分で満たされるよう工夫しましょう。

まず取り組みたいのが、眠りにつくまでの時間の過ごし方や睡眠環境の見直しです。どんな環境で、どんな過ごし方をすればいい気分で眠れるのかを考え、実行するのです。

例えば、寝る前に音楽を聴くとリラックスできるなら、心地よい音楽を流すのもいいでしょう。その場合、言葉が入っていない音楽のほうが向いています。歌声の歌詞が聴き取れる音楽だと、言葉に反応して思考が働き始めるからです。

楽器のみで演奏されるインストゥルメンタルの曲や自然音の音楽などで、心地のいいものを聴いて眠るといいですね。

香りが好きな人であれば、寝室でアロマを焚《た》くのもいいでしょう。この場合、自分が好きな香り、心地がいい、幸せと感じる香りを選ぶこと。

安眠にはラベンダーの香りがよいといわれますが、人によっては気分が悪くなることもあります。アロマの効能ではなく、自分の好みを基準に選ぶことが大切です。

パジャマやシーツ、枕、ベッドのマットレスや布団などの寝具も、自分にとって寝心地のよい素材や感触のものを選びましょう。睡眠時間は人生の3分の1を占めていますから、自分にとって快適なものをしっかり吟味することは大事だと思います。

寝室にはゴチャゴチャと物を置かず、落ち着いてゆったり眠れるようなシンプルな空間が理想です。

ベッドの中でスマホを見て、そのまま寝落ちするのが日常になっている人は、要注意です。SNSや動画などを見ていて気持ちが乱れることもあるでしょうし、スマホが発するブルーライトや電磁波は脳に影響を及ぼすといわれています。

アラーム代わりにスマホを使っている場合も、枕元から少し離して置くようにしましょう。

いい気分で眠りにつくために、ベッドの中で今日1日の「よかったこと・嬉しかったこと・ハッピーだったこと」を思い出して振り返るのは、とてもいい方法です。

1日の終わりには、嫌な思い出を書き換えてからグッスリ眠ろう

ただ、よかったこと探しをしているのに嫌な出来事を思い出したり、よかったことが思い浮かばなかったりすることもあると思います。そんな場合におすすめしたいのが、嫌な思い出を書き換えてしまうこと。

例えば、1日を振り返って「あのとき、あの人にあんなことを言わなければよかった。こう言えばよかった」という後悔があったとします。想像の中で、その出来事を自分の理想のストーリーに書き換えてしまうのです。

想像の中で、後悔するような言葉ではなく、その人に言いたかったベストの言葉をかける。相手は喜んでくれた。気まずくなることもなかった。ああ、よかった！ と

いうところまでイメージして、それで終わりにします。

仕事でミスをした、という場合も同じです。きっちり仕事をやり遂げた。うまくいった。上司から褒められた。自分も大満足！　そんなストーリーを想像の中で描いていきます。

そんな風にして1日の出来事を振り返り、それを全部ハッピーエンドに書き換えて「ああ、楽しかった」「よかった」「今日もいい1日だった」「幸せだった」と、いい気分で眠りにつくのです。

この方法であれば、どんなに嫌なことだらけの1日だったとしても、いいことだらけの1日になります。最初のうちは「こんなの馬鹿らしい」「自分に都合のいいように想像しているだけで、事実は変わらないのに……」などと思うかもしれません。

でも、実際しばらくこれを続けていくと、**「あれ？　本当になんか最近いい流れになってきたな」**と感じることが増えてきます。

眠っている時間には、人生を変える力があります。毎晩、ポジティブな気分で眠れば、現実はあっという間にポジティブな体験に満ちあふれたものになるでしょう。

寝る前の時間を充実させ、いい気分で眠ることに意識を向けていくことで人生の流れは本当に変わっていきますので、ぜひ試してみていただけたらと思います。

朝の「感謝行」から1日を始めよう

朝、目が覚めた直後の時間の過ごし方も大切です。目が覚めた直後は、まだ意識は半分眠っていて、潜在意識という深い層の意識がオープンになっている状態です。ベッドから起き上がり、顔を洗い、歯を磨いて……という具合に動き出すと、表層の意識である顕在意識が覚醒し、潜在意識は再び水面下に潜っていきます。

潜在意識は、いわば土壌のようなもの。潜在意識に刻み込まれたことは、その後の思考や行動など、すべてに影響を及ぼします。そのため、潜在意識がオープンなときに、いかにいい種を植えてあげるかが大事なのです。

目を覚ました直後、潜在意識がオープンになっているときに、できるだけポジティブなイメージや言葉などを入れてあげると、潜在意識にポジティブな種を植えることになり、それがあとで芽吹いてきます。

日常の中でハッピーな気分になれることやラッキーな出来事が増え、自分が体験することや現実がポジティブなものに変化していくのです。

ですから、眠りにつくときと同様に、いい気分で目覚められるよう工夫しましょう。

特に効果的なのは、目を覚ました瞬間、真っ先に目に入ってくる情報をポジティブなものに変えること。**朝一番に目にする場所に、自分が達成したい目標や、向かいたい方向性がイメージできるような写真や置物を飾ってみましょう。**

例えば、ダイエットをしているなら、自分の理想の姿を体現した人物の写真をベッドサイドに飾る。心の平安が欲しいなら、癒される風景画を飾るのもいいですね。朝起きたら、それをボーッと見ながら、自分が理想の姿になっている、夢をかなえて満足している、幸せを感じている、という様子を数秒でも数十秒でもいいのでイメージします。寝起きの潜在意識がオープンなときに行うことで、現実に反映されやすくなります。

朝、布団から出る前に「感謝行」をするのもおすすめです。自分が感謝できることを思いつく限り、1つずつ数え上げていくのです。

例えば、「雨風をしのげる家がある」「目が覚めたということは、生きているということ。それだけでも感謝だな」「家族がいる」「大切な友達もいる」「気の合う仲間もいる」「今日も仕事がある。働けるってありがたいな」というように、自分に今あるもの、自分が持っているもの、ありがたいなと思えることを数え上げていきます。

すると、感情の中でも最も波動の高い感謝の気持ちで1日をスタートでき、同時に潜在意識にも感謝がインプットされていきます。これが芽吹いたとき、現実においても自分の中で感謝できるような事柄がたくさん現れてくるのです。

朝の太陽の光を

布団から出たら、まずは寝室の窓を開け、朝の新鮮な空気を部屋に入れましょう。

睡眠中は、日中のネガティブな感情や疲れを浄化しています。そのため、寝室にはネガティブなエネルギーが染み出しています。

よどんだ空気を入れ替えることで、寝室に溜まったネガティブなエネルギーを外に出し、ポジティブなエネルギーを導き入れることができます。

このとき、ついでに朝日を浴びるのも、おすすめしたい習慣です。

浴びると、体内のチャクラが開いてエネルギーが活性化し、エネルギーレベルの高い状態で1日をスタートできます。

朝日を浴びるときは、軽く目を閉じて、深呼吸をしながら、太陽の光が眉間から体内に入ってくるのをイメージしましょう。時間的には5分くらいで充分です。曇りや雨の日でも、太陽の光は地上に届いているので、同じように行います。

眉間には「第3の目」とも呼ばれるチャクラ（第6チャクラ）があり、その奥には松果体《しょうかたい》と呼ばれる脳の器官があります。松果体は睡眠・覚醒のリズムを調節するホルモンなどを分泌する器官ですが、人体において霊的な覚醒を促す最も重要なセンターの1つでもあります。

朝、太陽の光を浴びて第3の目や松果体が活性化すると、意識がクリアになり、直感力も高まります。

第6章

あなたの主治医は自分自身

病気になっても「治すのは自分」

病気やケガをしたとき、僕たちは病院に行き、医師の診断と治療を受けます。このとき大事なのは、病気になっても医師任せにしないことです。

ほとんどの人は、病気に関しては医師のテリトリーであり、自分ではどうすることもできないと思い込んでいます。他のことに関しては自分でどうにかできるけれども、体のことは別。病気になったら医師に治してもらうしかない。薬に頼るしかない。そんな風に思い込んでいます。

だから、「お医者さんに言われた通り何でもしますから、私を治してください」という姿勢で、医師の言いなりになってしまうわけです。

僕が言いたいのは、病院に行ってはいけない、医師の言うことを聞かなくていい、ということではありません。「医師や薬に治してもらう」という受け身の姿勢ではなく、「治すのは自分なんだ」という意識で、自分が主導権を握って治療に向き合っていただきたいのです。

事実、病気を治す力は僕たちの中にあります。どんな名医であっても、どんなにすばらしい薬でも、治すことはできません。治しているのは、実は自分自身なのです。医師や薬ができるのは、あなたが治るのをサポートすることだけ。もしも治ることを自ら放棄し、あきらめてしまえば、どんな名医にかかっても病気は治りません。「病気になったら自分ではどうすることもできない」という意識、間違った思い込みは、自然治癒力を著しく低下させます。

病院にかかるときは、「私が医師を使う」「私が薬を使う」という意識を持ってください。あくまでも主役は自分。主治医は、体の持ち主であるあなたです。自分で自分を治していくために病院を使う、医師を使う、薬を使う、なのです。

この視点に立ったときに初めて、病気に対して自分からアプローチできます。「体のことは別」という意識を外せば、自分で自分の体を、もっとケアできるわけです。「病気を治す力は自分自身の中にすでにある」ということを思い出せば、それだけで元気が出て勇気づけられ、体調が上向き始める人もたくさんいるはずです。

どんな医療にも不可能な、病気に対して自分にしかできないアプローチとは何か。
それは、病気というサインに秘められたメッセージを受け取り、しっかり自分と向き合うことです。

本書で何度もお伝えしている通り、病気は「本質的な自分からズレていますよ！」というサイン。「これまでの自分のあり方・生き方を見直し、軌道修正したほうがいいですよ」というメッセージです。

あなた自身の「こ・ひ・し・た・ふ・わ・よ」の感情・感覚を道しるべにしながら、ネガティブなエネルギーを外して、自分の本質とつながっていく。この軌道修正を自分で行いながら、選択肢の1つとして医療も使っていく、という姿勢が大事です。

そして医療を受ける際も、自分自身の中にある深い知恵や、自分の本質である魂の声に耳を傾けてください。**例えば医師から何かを言われたときに、自分はそれをどう感じるかと問いかけてみるのです。**

腑に落ちる、納得できると思えば、医師のアドバイスや治療を受け入れる。でも、何らかの違和感、例えば「自分にはそれが当てはまらない」と感じたり、「他の病院に行ってみようかな」と思ったりしたら、医師の言葉を鵜呑みにせずに、あなた自身の心の声に従うようにしてください。

現実はあなたの意識の投影にすぎない

僕たちが人生で体験する現実はすべて、魂にとってはバーチャル・リアリティです。この世で僕たちが経験する人生は、映画館で映画を鑑賞しているようなもの。

映画館では、映写機にセットされたフィルムがスクリーンに投影されます。ここで言うスクリーンは、僕たちが「現実」と呼ぶもの。映画のフィルムは、そのときどきで自分が感じている意識や感情にあたります。

僕たちは日々、不安や恐怖、心配や嫉妬など、さまざまな感情を感じながら生きています。そして、自分が感じた感情が、そのままスクリーンに映し出されます。つまり、不安を心に抱えている人は、不安がますます増幅するような映画を観させられることになります。劣等感に苛まれている人は、より一層「自分はダメだ」と感じさせられるような映画を観ることになるわけです。

ここで重要なのは、**「フィルムを選んでいるのは自分である」**ということ。今観ている映画が気に入らなければフィルムを交換して、もっと楽しいストーリーの映画に差し替えればいいだけの話です。

現実はあなたの意識の投影ですから、あなたの意識を変えれば、現実はいとも簡単に変化していきます。例えば、何事もうまくいかない現実を、トントン拍子に物事が進んでしまう現実に変えることだってできるのです。

では、今病気に苦しんでいる人が、病気という現実を変えていくにはどうすればよいのか。まず必要なことは、自分が望む未来に視点を切り替えることです。

病気をすると、多くの人は「どうして自分だけ？」と恨んだり、「自分を大切にしてこなかったせいだ」と自分を責めたりします。「これまで私は不摂生をしてきたから病気になった」「こんな風に自分を粗末に扱って、私が悪かったんだ」などと、いろんな言い訳が出てきます。

過去の延長線上で現在を捉え、そうしたネガティブな意識をベースにしていると、次に作り出す現実も未来も全部ネガティブ一色に染まっていきます。

そんなときは、未来からの思考に切り替えてみましょう。自分の今の状況、あり方を見たときに、「どんな未来でありたい？」と問いかけてみるのです。

すると、「いつも健康で笑顔でいられて、やりたいことに何でも挑戦できる体力があって、元気に動き回っている毎日を送りたい」といった答えが浮かんでくるでしょう。

そうしたら、それを自分の未来の姿として設定してしまう。そして、未来から現在の自分に向かってエネルギーが流れてくる、という意識に切り替えるのです。

そのうえで、未来の自分はどんな風に感じているか、その感覚や感情を今感じてみます。自分が本当に生き生きとしていて、やりたいことを思う存分に謳歌《おうか》していて、「なんて人生って楽しいんだろう！」と生きていることに感謝している。

そんな自分の感情や感覚をリアルに味わっていると、もっと強く未来からのエネルギーが流れ込んでくるだけでなく、そのエネルギーが過去にも流れていくので、過去も肯定できるようになります。あの過去があったから、私は今ここにいる。私にはこんなにすばらしい世界が待っているんだ、と思えるようになります。

こうして「未来・現在・過去」の時間の流れの中で、ポジティブな意識で理想の未来を設定すると、その実現に向けて現実がパワフルに変わっていくのです。

人生で起こるすべてはあなたのシナリオ通り

僕たちは自分の人生ドラマの脚本家であり、監督であり、演出家であり、主人公であり、観客でもあります。

僕たちの魂は何度も輪廻《りんね》転生《てんせい》をくり返してきましたが、この世に生まれてくるときは毎回、それぞれの目的やテーマ、課題を決めて生まれてきます。今回の人生で何を体験し、何を学び、どのような資質を伸ばしていくのか、という人生のカリキュラムを自分自身で設定して生まれてくるのです。

自分で決めた人生の目的をベースに、僕たちは守護天使や守護霊といったガイドたちと相談しながら、いつ、どの国に生まれるのか、どんな両親や家庭環境のもとに生まれるのか、どんな肉体条件を持つのか、といったことを選んで生まれてきます。

とはいえ、事前に自分で決めてきたにもかかわらず、ほとんどの人は、自分の人生の目的やテーマ、課題を忘れた状態で生まれてきます。だから「自分は何のために生まれてきたんだろう?」「私らしい人生を歩みたいけれど、それがどんな人生なのかわからない」と悩むことになるわけです。

「自分の人生のテーマが最初からわかっていれば、生きやすいのに……」と思う人もいるでしょう。でも、最初から答えがわかっていると課題にならない、という面もあります。

この世でいろんな経験をし、迷ったり悩んだりしながら自ら考え、感じて、行動に移していく。**そうやって試行錯誤しながら答えを見つけていくプロセス自体が魂にとって価値ある学びであり、僕たちを成長させてくれるのです。**

わからない、忘れてしまっていると思ったとしても、魂レベルでは、この人生で自分は何をすべきかというテーマを知っています。そして、あなたが満たされる道をちゃんと用意してきています。

人生のシナリオを描いたのは自分自身なのですから、自分が幸せになれる道を用意してこないはずがありません。

あなたの魂は、あなたが「もう最高！　この人生、本当に幸せ」と感じられるような道も、そこに至る方法もすべて知っています。だから、自分の本質である魂の声に耳を傾け、本質的な自分とつながって生きていくことが大事なのです。

本質的な自分、ハイヤーセルフとつながったとき、人は自分の人生のテーマを思い出し、自分が本当にやりたかったことをやり始めます。ハイヤーセルフとつながると、「こ・ひ・し・た・ふ・わ・よ」の感情・感覚が自然な状態ですから、ワクワクと喜びに満ちた人生が開けていきます。

そして、あなたがハイヤーセルフとしっかり同調していると、普通ではあり得ないようなシンクロニシティ（意味のある偶然）を当たり前のように体験します。

例えば、ふと目にした情報が「あ、それ知りたかったこと！」という情報だったり、行ってみたかった場所に行けるチャンスが訪れたりする。「あの人に会いたいな」と思っていると、その人にばったり出会ったり、向こうから連絡が来たりする。「これ欲しいな」と思っていた物が、意外な形で手元に届く。「仕事でこんなことをやりたいな」と思っていると、まさにドンピシャな企画や業務を依頼される。そんな風に、自分に都合がいいように人生が展開されていくのです。

「そんなの奇跡みたい」と思うかもしれませんが、奇跡でも何でもありません。自分の本質とつながると、宇宙のすべてとのつながりに出ていくことになります。

すべてとのつながりが確立すると、自分が動けば宇宙が動く。自分が「こうしたい」と思うと、その実現に向けてあらゆる物事が動き始め、思った通りになります。そうなると、もう「人生がうまくいかない」という発想自体が出てこなくなります。自分がやりたいことは必ずやれる。なりたいものには必ずなれる。行きたいところには必ず行け、会いたい人には必ず会える。そして人生は当たり前のようにスムーズに流れていきます。

もともとは万能で完全な存在である僕たちが、自分でシナリオを決め、自分で人生を作っているのですから、スムーズにいくのが当然なのです。シンクロニシティも当然のことなので、奇跡ではありません。本当の自分につながりさえすれば、誰もが体験できること。本来の僕たちは奇跡を当たり前に起こせるくらいパワフルな存在であることを、ぜひ覚えておいてください。

「運命の病気」や「宿命の病気」もある

この本では、「病気は本質的な自分からズレているサイン」と何度もお伝えしてきましたが、実はそれ以外のケースもあります。

1つは、魂の計画として、この人生で病気やケガを体験することを、あらかじめカリキュラムの一部として組み込んで生まれてきた場合です。

病気やケガを通して何か気づきを得たり、学んだりすることが今回の自分の人生のテーマになっていると、人生の必修科目として病気やケガを経験することになります。いわば**「運命の病気」**です。

僕たちが何回も輪廻転生をくり返すのは、過去生という魂の歴史の中でやり残したこと、まだ経験していないことを経験し、新たな学びを得て成長していくためです。

例えば、過去生ではずっと健康で体力も万全という人生を送ってきた魂は、病弱な人の気持ちや、病気になったときのつらさがわかりません。

魂の完成のためには、身をもって病気やケガを経験することが必要になります。病気を経験し、その不自由さを味わうことで、自分の魂に足りない資質を見出したり、学んだりしたい。そう考えて、生まれてくる前に今生で経験する課題の1つとして、病気やケガを選んでくるケースもあるのです。

その場合、学びが完了したときに、課題も存在理由を失い、消えていきます。例えば、健康の大切さに気づき、体が弱い人たちへの思いやりの気持ちや共感が持てるようになると、自然に病気も癒えていくということが起こったりします。

また、病気やケガを通して学ぶつもりだったテーマが別の形で達成された場合、病気やケガを経験せずに済むこともあり得ます。自分で決めてきているカリキュラムなので、絶対に決めた通りに体験しなければいけないというわけではないのです。

例えば、「病気を通して人の愛を知る」「病気を通して命と向き合い、生に対する思いを改める」ということが人生のテーマになっていたとします。もし、病気になる前に、他の出来事や体験を通して同じことを学び終えていたら、必ずしも病気という形で学ぶ必要はなくなります。学校の「飛び級」と同じですね。

病気やケガも含め、人生の歩みを一時停止させるような出来事や、苦難や災難、トラブルと感じられるような出来事には必ず、何らかの意味やメッセージが隠されています。

「私がこの出来事を経験する意味は何だろう?」「この出来事を通して私が学べることがあるとしたら、それは何だろう?」と自分に問いかけてみると、魂が決めてきた人生のテーマに気づくきっかけになると思います。

そして、病気にはもう1つ、パターンがあります。僕が「宿命の病気」と呼ぶもので、その人の魂が、生まれてくる前に自分の肉体条件として設定してきた病気です。先に挙げた「運命の病気」は、自分次第で変えることもできますが、宿命は変えることはできません。

人生のテーマの中には、身体的なハンディキャップや病気を抱えることでしか学べないものもあります。それは、肉体的なハンデを克服する、ということかもしれませんし、ハンデを背負った自分の存在を通して周囲の人々や社会の意識を変えていく、といった個人の枠を超えた大きなテーマかもしれません。

テーマが何であるにしても、不自由のある体でこの世界を生きるということは、それだけで大変なことです。でも、その困難なことにあえて挑戦するチャレンジャーであり、勇敢な魂です。

宿命の病気を抱えている人の中には、「どうしてこんな体に生まれてきたんだろう」「親や家族に迷惑をかけて申し訳ない」と悩んだり、自分を責めたりしている人もいるかもしれません。そんな肉体条件を自分が選んだとは認めがたい人もいるでしょう。でも、忘れてしまっているかもしれませんが、やっぱりそれも自分で決めてきているのです。

他の人たちと同じように、宿命の病気を抱えている人たちも、存在しているだけで大きな価値がありますし、自分で設定した人生の課題を乗り越え、幸せになれる道を用意したうえで生まれてきています。

また、僕たちの魂の学びは1人では完結しません。相互作用で、家族や周囲の人たちと協力し合い、あるいはお互いに気づきを与えながら学びを深めていきます。

ですから、強く勇敢な魂である自分に誇りと自信を持って人生を歩んでください。

寿命だってあなた自身が決めてきた

いつ死を迎えるか、という寿命は神様から与えられるものと捉えられがちですが、そうではありません。僕たちがこの世に生まれるときに、自分自身で決めてくるものです。

先にお伝えしたように、僕たちはそれぞれ目的やテーマ、課題を持って生まれてきます。この人生でどんなことを体験し、何を学ぶのかという人生のカリキュラムを、ガイドたちと一緒に決めて生まれてきます。**その際、人生のカリキュラムに応じて寿命を設定します。**

小学校での学びには6年間が必要、などと学習内容に応じてあらかじめ時間を設定しておくのと同じように、人生のカリキュラムも「これとこれを学ぶには何年くらい必要か」という時間をちゃんと考えてから生まれてきます。これが寿命です。

ただし、設定される寿命は1つではありません。「40年かかる」と予想していても、実際はもっと早く達成できることもあれば、予想以上に時間がかかってしまうこともあります。

そんな場合に備えて、寿命も複数のタイミングを用意しておくのです。多い人では7回ほど寿命のタイミングを決めて生まれてきます。

例えば、10年・20年・30年・40年と4つの寿命のタイミングを設定して生まれてきたとします。10歳までの間に、この人生でやろうと思っていたことや学びたいと思っていたことを全部達成できてしまったならば、その人は10歳でこの世を去ることになります。10歳でクリアできなければ20歳まで延長する、20歳でもやり残したことがあれば30歳まで生きる、という具合に引き延ばされていくわけです。

場合によっては、人生の途中で「今回決めてきた課題はこの人生では到底クリアできない」と悟り、カリキュラムを終了しないまま早めのタイミングで肉体を脱ぎ去ってしまう人もいます。いったんあの世に戻り、新しい肉体をまとって、新たな人生でカリキュラムの続きを行うケースもあります。

90歳、100歳と長生きする人は、人生の課題をなかなかクリアできなかった人とは限りません。「この人生を生き切る」ということを課題に決めて、寿命を90歳とか100歳と自分で決めて生まれてくることもあります。

では、事故や天災で亡くなる人や、自死で自ら命を絶つ人はどうかというと、僕は、これらも寿命だと捉えています。自死や事故であったとしても、命をなくしたということは、それは寿命だったということ。どんな死に方をしても、寿命を迎えているからこそ亡くなります。

逆にいえば寿命がこない限り、僕たちは死ぬことはできません。それが寿命というものです。

ですから、寿命がきていないときにあの手この手で死のうと試みても、必ずそれを妨げられるような、命を助けられる体験をします。大事故に巻き込まれても「九死に一生を得る」ような形で一命を取り留めたりする。まだ死ぬタイミングではないのです。

多くの人は寿命について、若くして亡くなるのはかわいそうなこと、長生きするのは幸せなことだと思っています。

しかし、魂にとっては、そうではありません。

僕たちの魂にとって、この世は仮の世界。一時的に旅行しに来ているようなもので、生まれる前に決めた自分のテーマが終わったら、すぐに去るべきところ。無意味にダラダラと長居する場所ではないのです。

読者の中には、「自分の寿命を知りたい」という人もいるかもしれません。**寿命は自分で決めてきていますから、自分の魂に尋ねるのが一番です。**

静かに目を閉じて、瞑想するように気持ちを落ち着けたら、自分の魂に向かって

「私の寿命を教えてください」と問いかけます。

このとき、みぞおちに手を置きながら問いかけると、よりわかりやすいでしょう。みぞおちは、あなたの魂の中心部に当たるところだからです。

魂に問いかけたあと静かに待っていると、ポンと数字が浮かんできます。それが、あなたの寿命です。

自分の寿命がわかれば、人生の残り時間もわかることになります。それによって、この人生で自分がやりたいと考えていることを前倒しにしたり、残りの人生をどう生きるかを考え直したりできる利点はあります。

けれども、寿命を知ったら怖くなるという人は、やめたほうがいいでしょう。

ちなみに、自分が決めてきた寿命を延長することもできなくはありません。10年も20年も延ばすことは無理ですが、3年から5年くらいであれば意図して引き延ばすことは可能です。

やり方はシンプルで、例えば寿命が65歳の人であれば「私は65歳に寿命を設定してきたけれど、今、70歳に設定し直す」と、明確に意図するのです。

このとき大事なのは「**ここからは自分の人生を本当に本気で生きるんだ**」と、魂のレベルでしっかり覚悟を決めること。

そうすれば数年は寿命を延ばすことができますが、再設定した寿命をさらに延長することはできません。

寿命を延長したら、自分自身のカリキュラムを達成するために、一瞬一瞬を丁寧に、これまで以上に本気で生きてくださいね。

魂にとって死は「新しい始まり」

この世に生きていると、どうしても「この世界がすべて」という感覚になります。そのため、多くの人は「死んだらすべてが終わってしまう」と思い込んでいますが、真実は逆です。

魂にとって、死とは「新しい始まり」です。次の「生」へとつながっていく移行ポイントが、死なのです。

死とは、僕たちの本質である魂が肉体を脱ぎ捨てて、「この世」から「あの世」へと移行すること。今、僕たちがいる物理的な世界から、霊界という精神的な世界へと移行するだけのことです。

例えるならば、今いる部屋から隣の部屋に移るようなもの。死への移行は、本来スムーズで苦痛とは無縁です。ドアを開けて隣の部屋に移動するように、僕たちの魂はすんなりとあの世へ帰っていきます。

霊界に帰った魂は、ガイドとともに、自分の一生を洗いざらい振り返ります。そして、次はこの世でどんなことを経験し、どのような学びや成長を得たいかというテーマや目的をあらかじめ自分で決めたうえで、再びこの世に生まれます。

このようにして、僕たちは輪廻転生をくり返しています。ですから、僕たちの意識、魂は永遠ですし、死んだら自分という存在が消えてしまうわけではありません。

自分というものは、この世を離れたあとも、連続して存在し続けます。僕たちの性格や性質も、基本的にはそう変わりません。

どの人の魂も、輪廻転生をくり返し、あの世とこの世を何度も行き来しています。

霊界には過去生の記憶を忘れて生まれ変わるシステムがあるので、記憶はないかもしれませんが、死は何回も体験済みのこと。ですから、怖がる必要はありません。

あの世、つまり霊界は魂にとって快適このうえない世界。願うことはすぐにかない、穏やかで幸せな時間が流れています。

自分と波長の合う人しか周囲にいませんから、対人関係のストレスもありません。楽しさと安らぎに満ちた世界です。

魂にとっては、死後の世界こそが本拠地。この世界のほうが仮の世界なのです。

では、なぜこの世に生まれ変わってくるのか。それは、何度もお伝えしている通り、この世でいろいろなことを経験し、成長するためです。

向こうの世界でも学びはありますが、肉体を使って行動に移して体験し、その体験を五感でリアルに感じることは、この世でしかできません。

また、向こうの世界と比べて、この世はコントラストに満ちています。善と悪、良いと悪い、好きと嫌い、ポジティブとネガティブ――。そのコントラストを十二分に体験することで、僕たちの魂は成長していくという側面もあります。

自分という存在は永遠であり、この世に何度も生まれ変わって来られるとしても、この人生は1回きりです。永遠に生まれ変わりをくり返していようと、今の自分の肉体で、今を生きられるのは、たった1回しかありません。

だからこそ、今の肉体と人生はとても貴重で、決して無駄にしてはいけないのです。せっかく人生のテーマや目的を決めて生まれてきたのですから、それを存分にやり切ってからでないと、死んでも死にきれない。未練や後悔を残すことになります。

人生はシンプル。最高の人生を取り戻そう

人生のテーマはそれぞれ違っていても、僕たちの人生の目的は共通しています。それは、**自分の才能や個性を活かして可能性を最大限に発揮しながら、自分らしい人生を楽しみ、この人生を生き切ることです。**

死を迎えるとき、肉体を脱いで持っていけるのは、物でも、お金でもありません。どんなに大切な人も、連れていくことはできません。

持っていけるものは、体験を通して得た記憶という思い出、魂の満足感しかないのです。

「やりたかったことを全部やり遂げたな」「自分の可能性を生きたな」「いろいろあったけど、いい人生だったな」「十二分に生き切ったな」と心から思えるような人生、

死ぬ前に後悔のない人生こそが、最高の人生といえます。

では、どうすれば最高の人生を生きることができるのでしょうか。大切なことが2つあります。

1つは、「今この瞬間」に集中して、毎日、一瞬一瞬を大切に丁寧に生きること。やりたいこと、やろうと思ったことを後回しにしない。過去を後悔したり、未来を心配したりせず、今この瞬間に意識とエネルギーを集中させて生きること。今を疎かにすると、不完全な今の連続で人生を作り上げていくことになるからです。

「今」という大事なタイミングに意識を集中させて、今この瞬間に与えられているものを最大限に活かし切って生きる。今この瞬間を、しっかりと体験していく。

毎瞬、毎瞬をそんなあり方で生きていくことができれば、最後に「ああ、充実していたな、私の人生」と満足できる人生を送れます。

「やりたいと思っていたのにできなかった」という後悔のない人生を送りたければ、今この瞬間だけに意識を向け、常に今を100%のエネルギーで生きることが、とても大事なのです。

もう1つ大事なことは、自分の本当の気持ちを大切にして、自分の気持ちに正直に生きること。ありのままの自分で生きること。言い換えれば、本当の自分、自分の魂とつながって生きることとです。

人生はとてもシンプルで、自分に一致していればすべての調和が取れて、あらゆる物事がスムーズに進んでいきます。

自分の才能や個性を発見することも、その可能性を最大限に発揮する自分らしい生き方も、外に答えを求めるのではなく、自分自身としっかりつながることで、自ずと見えてきます。

自分自身とつながり、魂の声に従うことは、自分にとって最高の人生を実現していくカギとなります。そのための方法は、この本でたくさん紹介してきました。

人生に変化を起こすのは、難しいことでも大変なことでもありません。ただ「私は最高の人生を生きる」と決めるかどうか、それだけです。

この本でお伝えしたことも参考に、あなたらしい最高の人生を取り戻してください。

おわりに

僕は、さまざまな高次の存在からのメッセージをチャネリングしますが、病気について、彼らはこう言っています。

「2050年頃になると、病気はほぼ克服できるようになるだろう。人々が目醒めて生きるようになると、病気から遠ざかるだけでなく、介護問題からも遠ざかるようになる。なぜなら、目を醒ましていけばいくほど、つまり、波動を上げていけばいくほど、病気という低い周波数から外れていくので、病気をしなくなっていく」と。

「目醒めて生きる」とは、この本で僕が何度もお伝えしてきた「自分の本質であるハイヤーセルフとつながり、ありのままの自分で、自分が本当に望む人生を生きる」ということです。

「病は気から」と言うように、目に見えない気、つまり自分の意識や思考・感情、肉体を流れるエネルギーや、肉体を取り巻くエネルギー体のバランスが崩れることによって病気が生じます。自分の中にあるネガティブなエネルギーが結晶化したものが、病気です。

目醒めて生きるようになれば、エネルギーのバランスが崩れることもなくなり、またエネルギーの乱れを自分で察知できるようになるので、病気になる前に自分で不調を癒すこともできるようになっていくでしょう。

高い次元の意識で高度な文明を築き上げた古代のレムリアやアトランティスでは、クリスタルや宝石、光や色などを用いてエネルギーの乱れを整えるという療法が当たり前のように行われていました。

未来の地球でも、そうした波動を整える癒しの医療が中心となっていくそうです。

僕たちの本質は魂。肉体は、僕たちの魂がこの世界を楽しむための乗り物に過ぎません。僕たちの魂、意識が、すべてを創っています。

「年を取れば老化して体が思うように動かなくなるのは当たり前」という概念を手放せば、老化のスピードは今よりも遅くなり、若返りすら実現可能になるでしょう。

意識を変えれば、自然治癒《ちゆ》という形で病気がなくなっていく。肉体年齢に関係なく、いつまでも若々しく元気でいられる。それくらい、僕たちの意識はパワフルです。

あなたが自分の本質とつながり、肉体を持った目醒めた意識で、心身ともに健やかな状態で最高・最善の人生のストーリーを紡いでいくことを、僕は心から祈っています。

並木良和

並木良和（なみき よしかず）

幼少期より不思議な能力を持ち、整体師として働いたのち、本格的にメンタルアドバイザーとして独立。現在は、人種、宗教、男女の垣根を越えて、高次の叡智につながり宇宙の真理や本質である「愛と調和」を世界中に広めるニューリーダーとして、ワークショップ、講演会の開催等活発な活動を通じて、世界中で1万人以上のクライアントに支持されている。著書に『銀河人類にシフトするあなたへ』（青林堂）、『目醒めへの近未来マップ2025→2028』（ビオ・マガジン）、『次元上昇する「魔法の意識」の使い方111』（KADOKAWA）、『ほら起きて! 目醒まし時計が鳴ってるよ』（風雲舎）など多数。

気持ちがふさぎこんでいるあなたへ
「魂の声」に従えば？

2025年3月31日　第1版発行

著　者　　並木良和
発行者　　小宮英行
発行所　　株式会社徳間書店
〒141-8202
東京都品川区上大崎3-1-1
目黒セントラルスクエア
電話　編集(03) 5403-4344
　　　販売(049) 293-5521
振替　00140-0-44392
印刷・製本所　三晃印刷株式会社

ISBN　978-4-19-865878-6